우룡큰스님 법어집

신심으로 여는 행복

신심으로 여는 행복

초 판 1쇄 펴낸날 2014년 4월 23일
　　　 5쇄 펴낸날 2022년 1월 18일

지은이 우룡큰스님 강설
펴낸이 김연지
엮은이 김현준
펴낸곳 효림출판사

등록일 1992년 1월 13일 (제2-1305호)
주 소 서울시 서초구 반포대로14길 30, 907호 (서초동, 센츄리 I)
전 화 (02) 582~6612 · 587~6612
팩 스 (02) 586~9078
이메일 hyorim@nate.com

값 6,500원

ⓒ 효림출판사. 2014
ISBN 978-89-85295-89-5 03220

잘못 만들어진 책은 바꾸어 드립니다.
이 책은 저작권법에 따라 보호를 받는 저작물이므로 무단전재와 무단복제를 금지합니다.

序

 이제 나이가 여든을 넘기고 나니 모든 것이 옛과 같지 않아 설법하는 것도 힘든 부분이 많다. 하지만 제행무상을 누가 피하리. 무상을 잘 깨달으면 영원의 열반길이 잘 열리는 법이니….

 이 책은 지난 해 월간 「법공양」 1월호~6월호에 실은 글과 그 이전의 두 달 분 글을 함께 모아 엮은 것이다.

 이 책에서는 불자 삶의 기초가 되는 신심이 무엇인지를 밝힌 다음, 윤회에 대한 확신, 믿음 깊은 공경과 기도 등의 내용을 앞부분에서 다루었다. 그리고 불자들의 믿음과 실천의 원리인 불성佛性과 무주상無住

相을 가운데 부분에, 우리 불자들이 꼭 실천하였으면 하는 '가족에게 삼배하기·나를 비우기·인욕·선산 찾기' 등의 몇 가지 사항을 뒷부분에 수록하였다.

  늙은 산승의 진심이 깃든 법문이라 여겨 잘 읽고 잘 실천해주기를 축원해본다.

  나무마하반야바라밀.

불기 2558년 꽃빛 가득한 봄날에
경주 남산 기슭 함월사에서
雨龍 합장

차례 / 우·룡·큰·스·님·법·어·집

· 序 …… 3

I. 신심 / 9

- 성취는 신심에서 비롯된다 … 11
- 신심 속에 나타나는 가피 … 17
- '그렇게만 해' … 28

II. 상념공경의 믿음과 기도 / 33

- 공경 가득한 믿음 … 35
- 믿음과 향상의 기도 … 43
- 새로운 삶을 여는 기도 … 46

차 례 / 신심으로 여는 행복

Ⅲ. 윤 회 / 59

- 윤회를 믿고 있는가 … 61
- 꼭 사람으로 다시 나는 것은 아니다 … 69
- 원을 잘 세우고 살면 … 77

Ⅳ. 부처님 오신 뜻과 불성 / 85

- 부처님의 전생 수행과 탄생 … 87
- 유아독존의 '나'는 불성 … 96
- 모두에게 불성 있다 … 102

차 례 / 우·룡·큰·스·님·법·어·집

V. 무주상無住相하면 무한행복이 / 109

- 상에 대한 집착 … 111
- 보리심을 잘 유지하는 방법 … 119
- 범소유상 개시허망 … 125

VI. 이 실천만은 꼭 / 133

- 나는 어떠한가 … 135
- 괴로움을 벗어나 잘 살려면 … 141
- 내 잘못이 아들딸 불행의 싹이 되어서야 … 148

차 례 / 신심으로 여는 행복

VII. 작은 실천 큰 행복 / 157

- '나'가 떨어질 때까지 가족에게 삼배를 … 159
- 꾸준히 '나'를 비우면 기적이 … 167
- 철마다 선산 찾아 … 179

I
신 심

성취는 신심에서 비롯된다

 우리 불자들은 기도를 비롯하여 참선공부·경전공부 등을 하고 다양한 불사를 행합니다. 그와 동시에 기도성취·공부성취·불사성취 등을 바라 마지않습니다. 그런데 이를 행하는 불자들 중에는 소원성취를 하지 못하는 이들이 꽤 많습니다.
 '기도를 잘하면 못 이루는 소원이 없다고 하는데, 왜 나는 소원을 성취하지 못하는 것인가?'
 '꾸준히 공부하면 마침내 이루어진다고 하는데 나의 공부는 왜 진척이 없는 것인가?'
 '어찌 이다지도 불사에 장애가 많은가? 부처님의 가피는 도대체 언제 오는 것인가?'

기도나 공부나 불사를 하다보면 이와 같은 회의가 자꾸 밀어닥칩니다. 그리하여 기도를 멈추거나, 공부하는 방법을 바꾸거나, 불사를 포기하는 경우가 많습니다. 과연 무엇 때문에 이와 같은 회의가 발생하는 것일까요?

가장 큰 요인은 신심(信心)입니다. 신심이 굳건하지 못한 데서 찾을 수 있습니다.

기도를 예로 들겠습니다. 기도를 하는 '나'의 신심이 굳건하지 못하면 조그마한 어려움만 있어도 마음이 쉽게 흔들립니다. 쉽게 흔들리니 집중이 되지 않고, 집중이 되지 않으니 삼매 속으로 잠깐도 들어갈 수 없기 때문에 성취를 보지 못하는 것입니다.

기도성취는 간절한 마음에서 비롯된 집중과 삼매에 의해 이루어지는데, 신심이 약해서 내가 나를 흔들기 바쁘니 어떻게 마음을 잘 모을 수 있으며 소원을 성취할 수 있겠습니까? 그러므로 기도성취를 하려면 신심부터 굳건히 갖추어야 합니다.

신심! 이 신심은 기도하는 이들에게만 필요한 것이 아닙니다. 불자라면 모두가 신심부터 굳건하게 세우고 불교를 믿어야 합니다. 신심이 굳건하면 환경에 휩쓸리거나 뜻밖의 일을 당하게 될지라도 흔들림 없이 향상의 길로 나아갈 수 있습니다.

오히려 좋지 않은 일을 당할 때, 신심 깊은 이들은 더욱 훌륭한 원을 발하고 열심히 정진하여 크게 향상을 하는 경우가 많습니다. 믿음을 굳건히 하여 공부를 더 잘할 수 있기 때문입니다.

하지만 많은 불자들은 흔들리기에 바쁩니다. 가령 불교계나 스님과 관련하여 좋지 않은 언론 보도가 나올 때를 예로 들어 봅시다. 그 때 많은 불자들이 수군대거나 격분을 합니다.

"스님이 어찌 그런 일을! 아휴, 한심해."

"이제 창피해서 절에 못 다니겠어. 다른 종교를 믿을까보다."

하지만 이러한 원망 속에 무엇이 깃들어 있습니까? 바로 나의 마음이 방황하고 있다는 것입니다. 곧, 나의 믿음이 흔들리고 있다는 증거입니다.

스님들이 싸우거나 말거나 '나'의 신심과 무슨 관계가 있습니까? 싸우는 그들이 나의 업장을 없애줌니까? 나의 신심을 길러줍니까?

 문제는 남이 아닙니다. 바깥의 상황이 아닙니다. 진짜 문제는 내 신심입니다. 내 신심이 올바로 놓여 있지 않으면 나의 인생 전체가 흔들리고 무너질 수 있습니다. 반대로 신심만 바로 갖추어져 있으면 어떠한 문제가 닥칠지라도 나는 꾸준히 향상할 수 있습니다.

 공덕과 성취와 행복이 나에게 오느냐 오지 않느냐는 견실한 신심에 의해 결정됩니다. 그러므로 불교에 대한 섭섭한 감정, 주변에 대한 섭섭한 마음이 있다면 '아직 나의 신심이 견고하게 놓여져 있지 않구나' 생각하고 더욱 신심을 길러야 합니다.

 신심이 흔들리면 참선이나 경전공부를 하여도 깨달음의 법당을 지을 수 없습니다. 신심이 없으면 기도성취가 요원해지고, 불사를 마무리 짓기가 쉽지 않습니다.

 흔들리지 않는 신심. 이것이 가장 중요한데도 이 시대의 불자들은 너무나 잘 흔들립니다. 물론 잘 알지 못하고 확신이 없기 때문에 흔들리겠지만, 누군가가 던지는 한 말씀에 쉽게 흔들려서는 안됩니다.

"염불은 틀렸어. 화두를 해야 진짜 공부지."

"왜 지장기도를 해? 지장기도는 잘못되기가 쉬워."

누군가의 한 마디에 평생토록 지장보살을 불러서 가정이 순탄하고 향상의 길을 걷던 사람들까지도 갈등 속으로 빠져드는 경우가 많습니다.

이래서는 안됩니다. 신심은 이런 것이 아닙니다. 부처님께서 일러주신 기도·염불·참선·경전공부·보시 등은 모두 행복 세상으로 나아가는 길이며, 이 가운데 한 길을 택하여 꾸준히 나아가면 행복 세상의 보궁(寶宮)에 이르게 됩니다. 그러므로 한 길을 택한 다음에는 그대로만 나아가면 됩니다.

오히려 '그냥 한번 해볼까?' 하는 마음으로 시작하지 말고, '이 기도가 어떠한 것이며 이 공부가 어떠한 공부인가'를 미리 잘 알아보고 살펴보고 이해를 한 다음에 선택을 하는 것이 중요합니다.

이렇게 신중하게 선택한 다음에 믿음을 갖고 그 길로 나아가면 반드시 산꼭대기에 이를 수 있지만, 이 길로 올라갔다가 내려와서 저 길로 오르고, 저 길로 가다가 다시 내려와서 다른 길을 택하게 되면 영원히 헤맬 뿐입니다. 모름지기 한 길을 택하여 꾸준히 나아가는 것. 이것이 바로 행복 세상에 이르게 하는 신심입니다.

신심 속에 나타나는 가피

실로 굳건한 신심으로 꾸준히 나아가면 생각지도 않았던 가피와 기적이 나타나기까지 합니다. 몇 가지 예를 들겠습니다.

문경 사불산에는 대승사(大乘寺)라는 명찰이 있습니다. 이 대승사 뒷산에는 '사불바위〔四佛石〕'가 있는데, 『삼국유사』에는 사불바위와 관련된 이야기가 기록되어 있습니다.

죽령의 서쪽 백 리쯤에 우뚝 솟은 산이 있다. 진평

왕 9년 갑신년(589년), 홀연히 사방에 여래상이 있는 한 길 정도의 큰 돌 하나가 비단에 싸여 하늘에서 이 산의 정상에 떨어졌다. 왕이 이 말을 듣고 수레를 타고 가서 우러러 예배하고, 마침내 절을 창건하여 대승사라 하였다. 왕은 법화경을 강론하는 스님을 청하여 절에 머무르게 하면서, 석불을 청소하고 공양과 향불이 끊어지지 않게 하였다.

이 대승사는 1956년의 큰 불로 많은 전각이 소실되었는데, 경제사정이 어려워 1960년대에 들어서서야 중건을 할 수 있었습니다. 당시 대승사는 조계종의 비구 스님이 주지직을 맡고 있었으나, 그 비구 스님은 건물을 짓는 불사에 익숙하지 않았습니다. 다행히 어릴 때 출가하여 한평생을 대승사에서 살았던 대처승이 있었는데, 그 노스님께 책임을 맡겨 중건 불사를 시작하였습니다.

노스님은 불사를 하면서 정말 고생을 했습니다. 산에서 중건에 필요한 나무를 베다가 산림법 위반으로 잡혀가서 6개월 동안 교도소 생활을 하였고, 인부들과 함께 흙·서까래·기와 등을 지고 날랐습니다. 이렇게 애를 쓴 결과 큰방채를 먼저 복원을 할 수 있었습니다.

그리고는 대웅전 건립에 착수하였는데, 어느 날 사불바위를 보았더니 석양 노을빛 속에서 살아계시는 부처님이 방광(放光)을 하고 계시는 것이었습니다.

칠십 평생에 이러한 경이로운 모습을 처음으로 체험한 노스님은 깊은 신심과 환희심에 젖어 땅바닥에 엎드리며 계속 절을 하였습니다. 그러자 함께 일을 하던 사람들이 의아해하며 물었습니다.

"노스님, 왜 이러십니까?"

"저기 부처님께서 하강하여 방광을 하고 있는 것이 보이지 않느냐?"

"허 참 스님도. 어디에 부처님이 하강하셨는데요? 방광은 또 무슨 방광입니까?"

곁에 있는 사람들은 노스님의 정신이 이상하다는 듯이 몰아붙였습니다. 하지만 노스님의 두 눈에는 부처님께서 방광을 하고 있는 모습이 분명히 보였습니다. 한평생 부처님을 닮은 자연석으로만 보아왔던 사불바위가 바로 진짜 부처님이었습니다. 거룩한 부처님이 서서 방광을 하고 계셨던 것입니다.

어떻게 노스님의 눈에만 사불바위가 살아있는 부처님으로 보인 것일까요? 바로 신심 때문이었습니다. 갖은 고초를 당하면서도 신심을 다해 굳건하게 불사에 몰두를 하였기 때문에 일어난 가피였습니다. 그래서 다른 사람의 눈에는 보이지 않고, 깊은 신심으로 중건 불사를 한 노스님에게만 부처님께서 방광하는 모습을 나타내어 친견토록 하신 것입니다.

이날 이후 노스님의 신심은 더욱 굳건해졌고, 대승사 중건불사는 순조롭기 그지없이 진행이 되어 대웅전·극락전 등의 전각을 쉽게 완공할 수 있었다고 합니다.

이 대승사와 관련된 이야기 하나를 더 하겠습니다. 지금도 인연 있는 분들은 대승사에서 사리 2과를 친견할 수 있는데, 이 사리와 관련하여 현재 쌍계사 조실로 계시는 고산스님이 들려준 이야기입니다.

1970년대 고산스님이 서울 조계사 주지로 있을 때 신도들과 함께 버스를 대절하여 대승사로 사리친견을 하러 갔습니다. 그때 스님은 사리 2과를 분명히 확인했습니다. 그리고 조계사로 돌아와 열심히 포교를 하다가, 여러 달 후에 다른 신도들을 데리고 다시 대승사로 갔습니다.

그런데 한 달 전에 분명히 보았던 사리는 온데간데 없고 그 자리에 부처님 두 분이 앉아 계시는 것이었습니다. 너무나 이상하여 자리를 바꾸어가면서 보아도 사리 2과는 없고 부처님 두 분만 보였다는 것입니다. 이에 고산스님은 크게 경탄을 했습니다.

8

이처럼 신심 있는 이들에게는 사리가 신통력을 나투는 경우가 자주 있습니다. 곧 신심이 지극하면 사리가 불가사의한 가피를 보이는 것입니다. 한 가지 예를 더 들겠습니다.

❀

　김천의 한 처사님은 '아미타불' 염불을 주로 하였는데, 60대에 들어서면서 '급하다' 는 생각이 들어 '아미타불' 염불을 열심히 다잡았습니다. 한창 공부를 하느라 애를 쓰다 보니 얼마 지나지 않아 잠을 자도 잠자는 줄 모르고 밤새도록 아미타불을 부른 생각만 들만큼 열심히 염불했습니다. 붓글씨를 쓰든, 바깥사람이나 가족들과 대화를 하든, 아미타불 염불이 끊어지지가 않았습니다.

　그즈음인 1970년대 후반에 직지사의 녹원스님이 외국에서 부처님 진신사리 3과를 모시고 왔는데, 그 사리를 탑에 봉안하기 전에 친견법회를 열었습니다. 이때 나이 일흔이었던 그 처사님도 사리 친견을 하러 갔습니다.

　그러나 모두들 '사리를 보았다' 며 좋아하는데, 유독 처사님의 눈에는 사리가 보이지 않는 것이었습니다. 부처님 세 분이 단정히 앉아 계실 뿐, 사리는 찾을 수가 없었습니다. 너무나 이상하여 자리를 바꾸고

각도를 달리하여 보고 또 보았는데도, 부처님 세 분만 계실 뿐 사리는 볼 수 없었습니다.

직지사를 다녀온 처사님은 걱정이 되어 바로 나에게로 와서 이 이야기를 들려주며 물었습니다.

"스님, 제 눈에는 사리가 없었어요. 왜 사리는 보이지 않고 부처님이 보인 것일까요? 제 생각이 잘못되거나 사(邪)가 붙은 것은 아닌지요? 공부를 잘못한 것은 아닌지요?"

"처사님, 조금도 걱정하지 마십시오. 그것은 사기(邪氣)가 아니라 가피입니다. 신심 깊고 공부 잘한 처사님께 나투신 부처님의 가피요 증명입니다. 흔들림 없이 더 열심히 정진 하십시오. 틀림없이 극락세계 상품상생 연화대에 왕생하실 것입니다.

§

정녕 이처럼, 공부든 불사든 기도든 염불이든 흔들림 없는 신심으로 행하면 이루지 못할 것이 없습니다.

이 처사님처럼 흔들림 없이 '아미타불'의 명호를 꾸준히 부르다 보면 어느덧 '아미타불' 염불이 끊어지지 않게 되고, 거기서 조금 더 나아가면 무엇을 하든 아미타불과 함께하는 삼매경에 이르게 됩니다. 이와 같은 삼매경에 이르면 우리의 소원은 이루어지지 않을래야 이루어지지 않을 수 없는 것입니다.

　무엇이든 신심을 가지고 꾸준히만 하면 반드시 이루어집니다. 가피만이 아니라 기적처럼 보이는 일도 얼마든지 이루어집니다.

❁

　경남 진주시 옥봉북동에 있는 연화사는 1923년에 도심포교원으로 창건하여 역사가 오래되지는 않았지만, 이 절에는 '취골탑(聚骨塔)'이라는 아주 특별한 탑이 있습니다. 화장을 한 다음 남겨진 뼈들을 그대로 취하여 탑을 만들었다고 하여 '취골탑'이라고 이름한 것입니다.

　이 취골탑은 일제 강점기에 세운 것으로, 그 탑의 주인공은 94세의 나이로 돌아가신 노보살님입니다. 노보살님은 가족 인연이 박하여 남편을 일찍 보내고, 자식 없는 몸으로 연화사를 다니며 신심 깊은 삶을 살았습니다.

절에 가면 보살님은 궂은 일을 도맡아 하였습니다. 법당 청소에 마당의 풀 뽑기, 참배하는 손님들 뒷바라지 등을 열심히 하면서, 속으로는 끊임없이 염불을 하였습니다. 그러다가 임종이 가까워지자 한마디 유언을 남겼습니다.

"내가 죽은 다음 화장을 하게 되면 화장한 뼈를 갈지 말고, 뼈 채로 버리든지 보관을 하든지 마음대로 해라."

그런데 보살님이 세상을 떠나게 되자 정작 이 유언에 대해서는 주변 분들이 크게 신경을 쓰지 않았습니다. 오히려 돌아가신 그때가 모내기철이 지났는데도, 극심한 가뭄으로 논들이 거북등처럼 갈라져 있어 온 나라가 걱정을 하고 있을 때였습니다. 그래서 보살님의 발인날, 평소에 친하게 지내던 도반들이 관을 향해 한숨 섞인 부탁을 했습니다.

"오늘이 우리 인연의 마지막 날입니다. 그런데 보살님, 지금 온 나라가 가뭄 때문에 근심에 빠져 있습니다. 어찌 혼자만 좋은 곳에 가서 편히 지낼 수 있겠습니까? 깊은 신심과 간절했던 평소 때의 생각으로 지금 좋은 징표를 보여 주십시오. 비를 실컷 퍼부어 주면, 우리가 이 상여를 지고 진주 시내를 한 바퀴 돌겠습니다."

그런데 발인식을 마치고 다비장으로 운구를 하려는 찰나였습니다. 어디에서 모여들었는지 먹구름이 순식간에 진주 시내를 감싸더니 소나기를 퍼붓기 시작했습니다. 모두가 너무나 기뻐하면서 비를 흠뻑 맞으면서 진주 시내를 한바퀴 돌았는데, 다시 연화사에 돌아왔을 때에도 비는 여전히 내리고 있었습니다.

또 그날 보살님의 시신을 화장하였는데, 기이한 모습의 상아빛 뼈들이 가득하였습니다. 부처님께서 항마촉지인 또는 설법인을 취하고 있는 모습, 스님네가 앉아서 정진하고 있는 모습 등등, 1cm안팎의 뼈들이 하나같이 정교하게 조각을 해놓은 것 같았습니다.

그리고 이 뼈의 일부를 물에 넣었더니 물이 한 길 이상이나 치솟는 것이었습니다. '진짜 사리를 물에 넣으면 특이한 현상을 보인다' 는 것을 알고 있었던 스님들은 노보살님의 뼈들을 뿌리지 않고 법당 탁자에 놓아두었는데, 그 뼈들이 일곱 빛깔을 뿜아내며 여러 날 방광을 하는 것이었습니다.

　이러한 여러 가지 이적에 대중들은 크게 환희하면서, 칠층석탑을 세워 노보살님의 뼈를 봉안하고 '취골탑'이라 명명하였습니다.

❧

　기적 같은 영험. 이러한 영험은 재능 있는 특별한 사람만이 나타낼 수 있는 것인가? 아닙니다. 신심 깊은 사람이면 누구나 이러한 영험을 발휘할 수 있습니다.

　그러나 법문을 많이 듣고 책을 많이 읽는다고 하여 이러한 영험을 발휘할 수 있는 것은 아닙니다. 문제는 신심 깊은 실천입니다. 신심으로 한 가지라도 꾸준히 실천하여 나아가면 영험은 저절로 표출됩니다.

'그렇게만 해'

 아무쪼록 신심 깊은 불자가 되어 한 가지를 제대로 실천에 옮기는 불자가 되어 보십시오. 참선이나 경전공부 · 사경 · 염불 · 기도 · 보시 등의 갖가지 공부 방법 중에서 하나를 택하여, 정성을 모아 공부하고 기도하고 불사를 하십시오. 굳건한 신심으로 정성을 모으고 또 모으면 일념으로 뭉쳐지게 되고, 일념으로 뭉쳐지게 되면 틀림없이 목표를 이룰 수 있습니다.
 똘똘 뭉친 정성으로 공부하고 기도하고 불사를 하면, 내 속에서 영험이 저절로 나옵니다. 견실한 신심으로 정성 다해 공부하고 기도하면 부처님과 반드시 통하게 되어 있습니다. 정성을 지극히 모으면 기적이 일어나는 것입니다.

그러므로 정성껏 하면 됩니다. 밥을 먹으면 누구나 배가 부른 법입니다. 나도 밥을 먹으면 배가 불러집니다. 싯달타 태자가 부처가 되었듯이 우리도 부처가 될 수 있고, 많은 사람이 기도성취를 하였듯이 우리도 기도를 통하여 소원을 이룰 수 있습니다. 하면 되는데 그냥 안 할 뿐입니다.

그냥 하기만 하면 됩니다. 마냥 할 뿐, 처음부터 기대를 걸고 달려들지 마십시오. 오히려 '기대'가 성취를 가로막습니다. 힘이 들면 이를 악물고 주먹을 꽉 쥐면서 하던 대로 공부를 하면 됩니다.

내가 통도사 극락암에서 참선공부를 할 때였습니다. 나름대로는 열심히 한다고 하였지만, 공부가 진척을 보이지 않자 너무나 답답하였습니다. 그때마다 가사를 걸치고 조실인 경봉스님 방으로 나아가 여쭈었습니다.

"스님 너무 답답하고, 공부가 잘 안 됩니다. 이럴

때는 어떻게 해야 합니까?"

스님께서는 꼭 한 말씀만 하셨습니다.

"그렇게만 해."

⁂

참 싱거운 답이었습니다. 나는 안타까워서 간절히 해답을 청하였는데, '그렇게만 해'라는 것이었습니다. 그것도 물을 때마다 똑같이 말씀하는 것이었습니다.

"그렇게만 해."

이것이야말로 기도성취·공부성취·불사성취의 가장 요긴한 방법입니다. 신심을 잃지 않고 하던 대로 하면 됩니다. 그렇게만 하면 됩니다.

만약 기도를 하는 불자가 백일기도를 하였는데 되지 않았다면, '정성이 부족했는가보다' 하면서 하던 대로, 이전의 신심대로 다시 백일기도를 해야 합니다. 때가 되면 성취는 스스로 다가옵니다. 신심있게 기도하면 분명히 이루어집니다.

부처님의 법은 너무나 크고 넓어서, 그 법에 의지하면 바라는 것은 다 이룰 수 있습니다. 해탈을 목표로 삼아 부지런히 공부하면 해탈의 도가 이루어지고, 병 낫기를 바라면 병이 낫고, 아들 딸 잘 되기를 바라면 아들 딸이 훌륭한 길로 나아갑니다.

반찬이 있건 없건 매일 매일 밥을 먹듯이, 꾸준히 정성들여 공부를 하거나 기도를 행하면 꼭 원대로 성취됩니다.

정녕 정성으로 똘똘 뭉쳐 열심히 기도나 공부를 하였는데도 이루어짐이 없으면, 그때는 부처님을 원망해도 좋습니다. 불교를 비방해도 좋습니다.

내 마음을 잘 모아 신심 깊은 기도를 하고 공부를 하고 불사를 하였는데도 성취가 없으면, 부처님을 원망해도 좋고 고함을 쳐도 좋습니다.

하지만 먼저 부끄럽지 않도록 노력해야 합니다. 번뇌망상에 끌려 다니고 내 마음을 스스로 흔들면서 원망하거나 비방하면 안 됩니다.

그리고 이제까지 신심 깊은 기도, 신심 깊은 공부를 하지 않았다면 지금부터라도 신심을 다시금 가다듬어 정진하십시오.

깊은 신심으로 꾸준히 나아가면 차츰 익숙해지고,

머지않아 일념의 차원을 이루어 틀림없이 원을 성취하게 될 뿐 아니라, '나' 도 앞의 분들처럼 기적과 같은 체험을 할 수 있게 됩니다.

신심이면 됩니다. 깊은 신심으로 '그렇게만 하면' 됩니다.

이를 잊지 않고 정진하면 반드시 크게 향상하고 크게 성취할 수 있습니다. 그날까지, 모름지기 잘 정진하시기를 축원드립니다.

나무법계장신아미타불

II
상념공경의 믿음과 기도

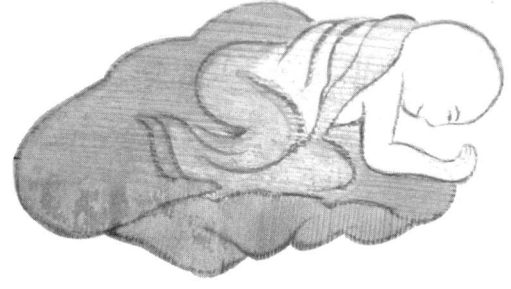

공경 가득한 믿음

　참된 불자들의 삶은 삼보를 늘 생각하고 공경하는 상념공경(常念恭敬)에서 시작됩니다. 그러므로 '공경(恭敬)'의 모습을 가장 잘 보여주셨던 한 스님의 이야기부터 먼저 하고자 합니다. 왜냐하면 이 '공경' 이야말로 모든 불교신행의 근본바탕이 되기 때문입니다.

　관응(觀應) 큰스님은 수십 년 동안 김천의 황악산 깊은 산중의 조그마한 암자에 은거하여 계시다가, 2004년에 아흔이 넘어 입적하신 도인스님입니다. 이 관응스님께서 50대에 전국 포교사로 순회포교를 하고 다닐 때 있었던 일입니다.

 부산의 대각사에서는 불에 탄 법당을 중건하고자 대구 송림사의 신라시대 전탑에서 나온 5색 사리를 모셔와 친견법회를 여는 것과 동시에, 관응스님을 법사로 모시고 7일 동안 『선문촬요 禪門撮要』 강설법회를 열었습니다.

 그런데 참으로 묘한 인연이었습니다. 당시 대각사에는 『선문촬요』 설법의 1인자로 인정받고 있었던 설봉(雪峰)노스님께서 머물고 계셨습니다.

 도인으로 추앙 받았던 설봉노스님께서는 가끔씩 특이한 행을 보였습니다. 3~4개월마다 한 번씩 3주일 정도 곡차를 드셨는데, 곡차의 바람이 불면 한 장의 담요를 발가벗은 몸에 두른 채, 밥 한 톨 국수 한 가닥 입에 대지 않고 낮이건 밤이건 곡차만 드셨습니다.

 탁주·소주·정종 등 어떠한 곡차든 마다하지 않았으며, 한 말이든 두 말이든 방에 넣어 드리는 양을 하루 동안에 몽땅 다 마셔버렸습니다. 어떤 때는 시험삼아 곡차를 한 사발만을 넣어드리면, 그 한 사발로 하루 종일 드셨습니다.

그리고 듣는 사람이나 상대 해주는 사람이 없는데도 끊임없이 육두문자를 외쳤습니다. 당시 우리는 스님의 이 법문을 '이해하거나 알아들을 사람이 아무도 없다'고 하여 '대승법문(大乘法門)'이라 하였습니다.

관응스님이 대각사에서『선문촬요』를 강설하고 있을 그때, 설봉노스님의 대승법문 또한 한창 때였습니다. 7일간의『선문촬요』강설법회가 최고조로 무르익은 5일째 되는 날, 곡차에 잔뜩 취한 설봉노스님께서 군용담요를 걸치고 법회장으로 들어왔습니다. 그리고는 법상(法床) 정면에 두 무릎을 세우고 앉으시더니, 관응스님을 노려보며 소리쳤습니다.

"야! 책의 말을 하려거든 책에 있는 말만 하고, 네 말을 하려거든 네 말만 해!"

설봉노스님은 그 말씀만 하고 방으로 돌아갔지만, 그 한마디가 법회의 분위기를 완전히 부수어 버렸습니다. 그 당시에는 관응스님의 법력(法力)이 설봉노스님께 미치지 못하였기 때문에, 관응스님으로서는 법회의 분위기를 되돌릴 수가 없어 썰렁하게 끝을 맺었습니다.

그날 밤 설봉노스님은 관응스님의 방으로 다시 찾아가 오른쪽 무릎을 꿇고 왼쪽 무릎을 세우는 우슬착지(右膝着地)의 자세로 넌지시 절을 하며 말씀하셨습니다.

"진작 큰스님을 찾아뵙고 가르침을 청했어야 하는데, 놈이 워낙 미련해서 그러지를 못했습니다."

그리고는 설봉노스님이 즐겨 질문하는 한 가지 화두(話頭)를 던졌습니다.

"이심전심(以心傳心)의 심법(心法)은 한 곳에서만 전하여도 되는데〔一處傳心〕, 세존께서는 왜 삼처전심(三處傳心)을 하셨습니까?"

석가모니불께서 가섭존자에게 전한 삼처전심은

① 다자탑 앞에서 행한 법회에 늦게 온 가섭존자에게 자리를 절반 나누어 주어 함께 앉으신 것,
② 영산회상에서 꽃을 들어 보이자 가섭존자가 미소를 지은 것,
③ 열반 후 십일 만에 당도한 가섭존자를 위해 관 밖으로 두 발을 내어 보이신 것을 가리킵니다.

그런데 이심전심의 이 심법을 한 곳에서만 전하여도 되었을 터인데, 무엇 때문에 세 곳에서 전했는가? 그 까닭을 답해보라는 질문이었습니다.

그러나 곡차에 취한데다 틀니까지 뽑아 놓아 혀가 꼬인 설봉노스님의 음성을 관응스님은 전혀 알아들을 수가 없었습니다.

"스님, 뭐라고 하셨습니까?"

설봉노스님의 전심전력을 다해 내리친 칼날을 '뭐라고 하셨습니까?'라는 말로 살짝 비켜감에 따라, 꾸며도 그렇게 될 수 없는 묘한 문답이 된 것입니다.

"세존께서는 일처전심만 하셔도 되는데 왜 삼처전심을 하신 것입니까?"

관응스님은 또 알아듣지 못하여 되물었습니다.

"스님, 뭐라고 하셨습니까?"

또다시 온 힘을 다해 내리친 칼날을 부채로 살랑 받는 것과 같은 묘한 상황이 되었습니다. 마침내 설봉스님은 표정이 바뀌었습니다.

'요것 봐라. 감히 나에게 막 칼질을 해?'

이렇게 생각하며 설봉스님은 세 번째로 같은 질문

을 던졌습니다.

"세존께서는 일처전심만 하셔도 되는데 왜 삼처전심을 하셨습니까?"

이번에도 관응스님으로부터 같은 대답이 돌아오면 날벼락이 떨어질 긴장된 상황이었습니다. 그 때 설봉노스님을 시봉하고 있던 고경스님이 곁에 있다가 설봉노스님의 질문을 관응스님께 또렷이 전달해 드렸습니다. 순간 관응스님은 무릎을 꿇고 답했습니다.

"스님, 소승은 답을 모릅니다."

설봉노스님은 화가 잔뜩 난 듯한 표정으로 한동안 관응스님을 무섭게 노려보다가, '대화를 할 가치도 없다'는 듯이 당신의 방으로 말없이 돌아갔습니다.

이튿날, 점심공양을 마친 관응스님은 가사장삼을 수하고 설봉스님의 방으로 찾아가 정중히 법문을 청하였고, 약 두 시간이 지난 뒤에 관응스님은 설봉노스님께 절을 올리며 말했습니다.

"한평생을 부처님의 경을 많이 읽고 스님들의 법문을 많이 들었지만 모두가 헛일이었습니다. 오늘 스님 앞에서 들은 이 두 시간의 법문이야말로 진실한 부처님의 가르침이었습니다."

다음날, 7일 동안의 『선문촬요』 강설법회를 회향한 관응스님이 서울로 떠나려 할 때 담요를 걸친 설봉노스님이 마당으로 나오셨고, 관응스님은 땅바닥에 엎드려 설봉스님께 공경히 삼배를 올렸습니다.

7일 동안 열심히 법문을 들은 스님들과 신도들, 판사·의사·공무원 등의 부산 유지들이 가득한 자리에서, 그것도 법사인 관응스님을 배웅하는 자리에서, 남들이 '술주정뱅이'라고 손가락질을 하는 스님께 땅바닥에 엎드려 한없이 존경하는 마음으로 예를 올린 것입니다.

༄

나는 그때 관응스님의 거룩한 모습을 보았습니다. 그것은 허례허식이 조금도 없는, 한 치의 거짓도 없는 진정한 구도자의 모습이었습니다. 그 모습을 보면서 나는 '참으로 진실한 어른이요 거룩한 어른'이라 생각하였고, 그 후부터 곳곳의 법회장에서 '우리 후학들이 꼭 본받아야 할 거룩한 모습'이라며 관응스님의 공경 가득한 신심을 자랑하고 있습니다.

대각사를 떠난 관응스님은 곧바로 서울 천축사의 무문관(無門關)으로 들어가 6년 수행을 하셨습니다. 그리고 정진을 마친 다음부터 열반에 드시던 날까지 당신의 수행살림을 일체 표현하지 않았습니다.

　관응스님의 이 거룩한 모습이 바로 공손하고 경건하게 임하는 '상념공경(常念恭敬)'이요, 우리 또한 불법승 삼보를 이와 같이 상념공경할 때 크나큰 향상과 성취가 뒤따르게 되는 것입니다.

믿음과 향상의 기도

 상념공경. 이것이 바로 참된 믿음입니다. 상념공경의 믿음은 불자들의 삶이나 기도에 있어 가장 근본이 되는 것입니다. 왜 이것이 근본이 되는가? 상념공경에는 의심이 붙을 수가 없기 때문입니다.

 실로 불자의 삶이나 기도에 있어 문제가 되는 것은 의심입니다. 삼보의 가피와 불보살님의 자비에 대해 의심만 없으면 온전한 믿음이 형성되고, 믿음이 온전하면 일념의 기도를 할 수 있으며, 일념(一念)의 기도를 하면 성취 못할 것이 없습니다.

 될까? 안될까?
 나의 방법이 맞는가? 맞지 않는가?

이러한 의심으로 스스로를 흔들기 때문에 일념과 자꾸만 멀어지게 되고, 일념이 잘 되지 않기 때문에 중도에서 포기를 하고 하차를 하게 되는 것입니다.

왜 모르십니까? 세상 모든 일의 성취는 이룰 수 있을 만큼의 노력을 해야 된다는 것을!

무엇이든 할 만큼 해야 성취를 할 수 있습니다. 어찌 업을 녹이는 기도가 간단한 노력으로 이루어지겠습니까? 의심 없는 믿음, 상념공경의 믿음 속에서 행하면 틀림없이, 그리고 보다 빨리 결실을 이룰 수 있게 되는 것입니다.

그러므로 어떤 기도를 하든지 불보살님을 확실히 믿고 '나'의 열정을 남김없이 쏟으며 기도에 임해야 합니다. 청정하고 거룩한 불보살님들께서는 '당신을 위해 기도하라'고 하지 않습니다. 당신이 아닌, 우리의 어려움을 구제하고 우리의 향상을 위해 기도하고 공부하라는 것입니다.

우리의 진정한 의지처가 되어 우리를 감싸주시는 불보살님. 그분들께 한 점의 의심 없이 '나'를 내맡기십시오. 그리고 그 속에서 스스로를 비우고 스스로를 깨달아 가십시오. 스스로를 관찰하고 잘못을 참회하면서 한발 한발 향상의 길로 나아가십시오.

일체 공덕을 두루 갖추고 계신 불보살님.

대자비의 눈으로 중생을 보살피는 불보살님.

중생들에게 복덕을 가득 베풀고자 하는 불보살님.

이러한 불보살님께서 우리와 함께하고 있으니, 인생이 아무리 괴롭다 한들 어찌 능히 헤쳐 나가지 못할 것이며, 바라는 바가 어렵다 한들 어찌 이룰 수가 없겠습니까?

모름지기 힘들고 어려운 때일수록 부처님의 가르침을 마음에 새기고 불보살님을 더 열심히 염하십시오. 불보살님을 향해 머리 숙여 예배하십시오. 분명 용기가 치솟고 새로운 힘이 생겨나면서 모든 장애가 티끌처럼 흩어지게 됩니다.

새로운 삶을 여는 기도

 실로 신심 깊은 기도는 다생의 죄업을 녹입니다. 상념공경의 기도는 우리를 새롭게 태어나게 하고, 행복의 문을 활짝 열어줍니다. 기도는 우리를 바라밀의 세계로 나아가게 하는 최고의 방편인 것입니다.

 내 나이 30대 초반, 그러니까 1960년대에 부산 영도에 있는 법화사에서 당시 여든 세 살의 노보살님 한 분을 만났습니다. 3개월 사이에 여러 차례 만났던 그 할머니는 언제나 잔잔한 미소를 띠고 계셨으며, '관세음보살을 부지런히 불러서 명(命)을 이었다'고

하시면서, 기도 정진했던 이야기를 나에게 들려주셨습니다.

할머니는 태어나면서부터 몸이 아주 약했을 뿐 아니라 단명상(短命相)을 띠고 있었습니다. 사주를 보든 관상을 보든 손금을 보든 하나같이 '삼십을 넘기지 못한다'고 하였고, 보통 사람들도 '명(命) 붙은 데가 없는 아이'라는 말을 자주 하였습니다.

그녀가 차츰 자라 혼기가 가까워지자 부모님의 걱정은 더욱 커졌습니다. 명이 짧다고는 하지만 혼기가 찬 딸을 집에만 가두어 놓을 수도 없고, 처녀귀신으로 만들기는 더욱 못할 일이었습니다.

나이 18세에 중매가 들어오자 그녀의 어머니는 시어머니 될 분에게 단명에 대해 사실대로 털어놓았는데, 통이 큰 시어머니는 크게 개의치 않았습니다.

혼례를 올린 직후 배짱이 든든했던 시어머니는 며느리를 부산 동래의 연산동에 있는 마하사(摩訶寺)로 데리고 갔습니다. 마하사에는 시어머니의 친구분이 계셨습니다. 팔자가 박복하여 일찍이 가족들과 이별하고 홀로 마하사에서 스님들 시중을 들면서 공부를 하는 보살님이었습니다.

시어머니는 친구분에게 자초지종을 말한 다음 부탁했습니다.

"내가 저 아이를 며느리로 맞이했지만 나이 서른을 못 넘길 운명이라고 하는구나. 며느리가 아이 두세 명을 낳고 죽는다면 그 아이들은 자라면서 어떻게 되겠느냐? 또 사돈 집안이나 우리 집안은 어떠하겠느냐? 내 며느리를 너에게 맡길 테니, 부처님께 빌어서 명을 늘려다오."

근래에는 이런 일이 별로 없습니다만, 이삼십 년 전만 하여도 명 짧은 아이를 부처님께 팔면 명이 길어진다고 하여, 자식을 승려로 만들거나 절에 데려다 놓는 경우가 많았습니다.

"너의 부탁인데 내가 어찌 마다하겠느냐?"

마하사 보살은 흔쾌히 승낙한 다음 말했습니다.

"그렇지만 한 가지 조건이 있다."

"무엇이냐?"

"부처님께 빌어서 틀림없이 이 아이의 명을 길게 만들어 주겠다. 하지만 1년이 걸릴지 10년이 걸릴지

지금으로서는 장담할 수가 없다. 그동안 너희 집안에서 어떤 일이 일어나더라도 이 아이에게 연락해서는 안된다. 또 내가 이 아이를 집으로 내려 보내기 전에는 집안사람 누구도 찾아와서는 안된다. 이 아이를 너희 집 며느리라고 생각하지도 말고, 마하사에 데려다 놓았다는 생각도 하지 말아라. 애당초 '아들 장가 보내지 않았고 며느리 맞아들이지 않은 요량' 하고 몇 년이든 맡길 수 있겠느냐? 아니면 나는 책임질 수 없다."

"물론이다. 그 약속, 꼭 지키마."

조건을 받아들인 시어머니는 마하사를 떠나갔고, 며느리는 그날부터 보살의 지도를 받아 '관세음보살'을 부르기 시작했습니다.

"지금부터 너는 죽음을 멀리 물리치기 위한 기도를 시작해야 한다. 죽음을 물리치려면 죽으나 사나 관세음보살을 부르지 않으면 안된다. 법당에 섰거나 앉았거나, 돌아다니거나 밥을 먹거나 오로지 '관세음보살'을 불러야 한다."

그러면서 처음에는 밥 먹은 그릇 씻는 일조차 시키

지 않고 무조건 법당으로만 몰아붙였습니다. 낮 시간은 물론이요, 저녁예불이 끝나면 12시까지 함께 법당에서 관세음보살을 불렀고, 첫닭이 울면 잠에 곯아 떨어진 그녀를 깨워 관세음보살을 부르게 했습니다.

그렇게 몇 달이 지난 다음 그녀의 입에서 '관세음보살' 염불이 떠나지 않게 되자, 보살은 그녀에게 조금씩 조금씩 일을 시키기 시작했습니다.

"네가 먹은 밥그릇만 씻어놓고 법당에 가거라."

"네가 신은 버선은 직접 빨아라."

이렇게 차츰 일을 시키며 염불을 독려하기를 몇 년, 마침내 그녀는 밭을 매건 스님네 빨래를 하건 밥을 짓건 청소를 하건 관세음보살이 끊어지지 않았습니다. 누우나 서나 앉으나 다니나 한결같이 '관세음보살'과 함께하였고, 마침내는 잠을 자면서도 '관세음보살'을 놓치지 않게 되었습니다. 꿈을 꾸거나 몸부림을 치면서도 생각은 계속 관세음보살을 부를 수 있게 된 것입니다.

그렇게 되기까지의 기간은 만 3년이 조금 더 걸렸다고 합니다. 마침내 그 보살은 말했습니다.

"이제 시댁으로 가서 시부모님 모시고 남편 받들면서 살아라. 그렇지만 아직 결론이 난 것이 아니다. 관세음보살님께서 확답을 주실 때까지 절대로 '관세음보살' 염불을 놓쳐서는 안된다."

그녀는 그 길로 마하사에서 내려와 시부모님을 모시고 남편을 받들며 살았습니다. 물론 '관세음보살'은 끊임없이 불렀습니다. 세월이 흘러 그녀는 아들 둘을 얻었고, 큰아들이 6살, 작은아들이 3살이 되었을 때 묘한 체험을 했습니다.

그해 초여름, 저녁밥을 지어놓고 들판에서 일하러 나간 시부모님과 남편이 돌아올 때를 기다리며, 그녀는 방안에서 조용히 관세음보살을 염하고 있었습니다. 그런데 아직 해 그림자가 마당에 남아 있는데, 갑자기 방안의 촛불이 탁 켜지는 것이었습니다. 누가 불을 붙인 것도 아닌데 저절로 촛불이 켜진 것입니다.

어둑어둑한 방에 저절로 켜진 촛불! 이것은 바로 관세음보살님께서 내린 답이었습니다. 10년의 염불을 통하여 마침내 관세음보살님으로부터 답을 얻은 그 보살님. 보살님은 당시를 회상하며 나에게 참으로 소중한 말씀을 들려주셨습니다.

"나는 그 당시에 있었던 남녀의 육체관계에 대한 기억도, 아이를 낳을 때의 힘든 기억도 전혀 없습니다. 아이를 키울 때도 달리 어떻게 하였다는 특별한 기억이 남아 있지 않습니다. 오직 '관세음보살'을 부르는 속에서 모든 것이 저절로 이루어지고 있었습니다.

그런데 촛불이 켜진 그 순간부터 모든 것이 뚜렷해졌고 너무나 달라졌습니다. 그날 이후 이 세상이 너무도 거룩하고 아름답고 멋있고 고마운 세상으로 보였습니다.

우리 가족은 어느 누구도 불평불만을 하거나 아옹다옹하지 않습니다. 모두가 부처님처럼 보이는데 어떻게 티격태격이 있겠습니까?"

내가 노보살님을 만났을 때는 팔십이 넘은 나이였는데도, 얼굴에는 천진스런 미소가 떠날 줄 몰랐습니다. 그리고 환갑 나이의 큰 아들도 언제나 '거룩한 어머니'로 그 보살님을 극진히 모시는 것을 보았습니다. 며칠을 법화사에서 함께 있는 동안, 노보살님은 부산 시내를 내려다보며 늘 말씀하셨습니다.

"스님, 저 부산 시내를 바라보세요. 참 아름답고 거룩하지요? 이렇게 평화스럽고 행복한 땅이 어느 곳에 따로 있겠습니까? 바로 여기가 극락세계요, 부처님 나라 아니겠습니까?"

༄

노보살님은 나에게 동의를 구하는 것이 아니었습니다. 판자집으로 가득한 부산 시내가 노보살님의 눈에는 극락세계로 보인 것입니다. 실로 노보살님은 싫어하거나 역겨워하거나 기분 상하는 법이 없었습니다.

보고 듣는 모든 것 속에서 아름답고 거룩하고 즐거움을 느낄 뿐이었습니다. 그야말로 '관세음보살'을 염하여 법희삼매(法喜三昧)를 얻은 것입니다.

완전한 행복, 완전한 기쁨! 불행과 슬픔에 대응하는 상대적인 행복과 기쁨이 아니라 온통 기쁨이요 행복 그 자체인 법희삼매….

결코 우리라고 하여 이와 같은 행복한 경지를 이루

지 못할 까닭이 없습니다. 우리도 부지런히 기도하면 반드시 절대적인 행복을 영위할 수 있습니다.

　기도의 시작이 욕심에서 출발되었건 기대에서 출발되었건 부지런히 해나가다 보면, 어느 순간 의식(意識)의 상태가 떨어져나가고 시간과 공간이 떨어져 버리는 삼매의 경지를 체험하게 됩니다.

　부디 부지런히 기도하십시오. 초기에는 하는 수 없습니다. 망상이 일어나도 좋고 억지로 해도 좋습니다. 부지런히 몰아쳐 가다보면 저절로 기도의 길이 잡힙니다.

　기도를 하거나 염불을 하다가 생각이 망상을 쫓아갈 때는 스스로 마음의 회초리를 들어 기도와 염불의 길로 다시 들어서게 해야 합니다. 바깥으로 달아나는 의식을 안으로 거두어들이고 또 거두어 들여야 합니다.

　물론 처음에는 쉽지가 않습니다. 입으로는 '관세음보살, 관세음보살…' 하면서 생각은 엉뚱한 곳으로 달아납니다. 스스로 오랫동안 이러한 버릇을 방치한 채로 살아왔기 때문에 어쩔 수 없는 것입니다.

그렇지만 자꾸자꾸 기도를 하다 보면 법당에 있을 때나 고요한 곳에 있을 때는 집중이 쉬워집니다.

그리고 더욱 마음을 다잡아 애를 쓰다 보면 법당 밖을 벗어나 행동을 하거나 시끄러운 곳에 이르러서도 '관세음보살'을 염할 수 있는 경지에 이르게 되고, 다른 사람과 대화를 하면서도 '관세음보살'을 염할 수 있는 경지에 다다르게 됩니다.

물론 이러한 경지를 체득하기는 쉽지가 않을 것입니다. 하지만 물러서지 말고 애써 마음을 모아 불보살님의 명호를 불러보십시오. 차츰 내 몸이 자리가 잡히고 내 마음이 자리가 잡혀 제3의 세계인 삼매를 이루게 됩니다. 그때가 되면 행복의 문이 활짝 열리고, 그때가 되면 '명을 이은 노보살님'처럼 언제나 기쁘고 즐겁고 거룩한 일들만이 가득하게 됩니다.

부디 간절하고 지극한 마음으로 기도하십시오. 누구든지 됩니다. 고통이 있고 갈등이 있고 진정으로 바라는 바가 있으면 기도하십시오. 틀림없이 기도를 통하여 행복과 자유와 영원한 생명력을 얻을 수 있게 될 것입니다.

이제 우리는 달라져야 합니다. 불보살님을 찾아 매달리기만 하는 불자여서는 안 됩니다. 기도를 하여 한 단계 높이 올라서서, 불보살님과 함께 할 수 있는 불자가 되어야 합니다.

매달리는 기도의 차원에서 이 세상을 아름답고 평화롭게 바라볼 수 있는 차원으로 올라서야 합니다. 고난의 구원이나 세속적인 소원성취를 목표로 삼는 기도의 차원에서, 스스로도 깨어나고 세상을 살리는 자리로 올라서고자 노력해야 합니다.

언제까지 구원을 받는 자리에 있을 것입니까? 평생을 '도와주십시오' 하며 살 것입니까? 오히려 모든 어려움은 불보살님께 맡기고, 이 세상 속에서 평화로움과 아름다움을 느끼는 차원으로 올라서야 합니다.

곧 구원의 대상에서 한 걸음 더 나아가, 이제부터는 아뇩다라삼먁삼보리를 얻는 쪽으로 나아가라는 것입니다.

아뇩다라삼먁삼보리를 한문으로 번역하면 무상정변정각(無上正遍正覺)입니다. 위없이 바르고 두루하고 밝은 깨달음! 바로 이 마음을 발하겠다는 것이 발

아뇩다라삼먁삼보리심입니다.

  흔히 이 마음을 줄여 보리심(菩提心)이라고 합니다. 보리심이 무엇입니까? '나도 이롭고 남도 이롭게 하며 살겠다'는 자리이타(自利利他)의 마음입니다. 나도 깨닫고 남도 깨닫게 하겠다는 자각각타(自覺覺他)의 마음입니다.

  바꾸어 말하면, 자리와 자각은 지혜(智慧)요, 이타와 각타는 자비(慈悲)입니다. 지혜와 자비를 갖춘 삶을 살겠다는 것입니다. 나 혼자만 행복하게 살겠다는 것이 아니라, 모든 중생을 행복하게 만들겠다는 염원을 담은 마음이 보리심입니다.

  중생은 자기만의 행복, '나' 중심의 행복을 추구합니다. 그런데, '나만의 행복'이라는 미한 생각에서 벗어나 일체 중생의 행복을 생각하는 마음가짐이 된 것을 발보리심이라 하는 것입니다.

  그렇다면 지금의 우리는 어떻습니까? 지금껏 불교를 잘 믿어온 우리는 어떻습니까? 보리심이 일어났습니까? 혼자만 행복하면 그만이라는 생각에서 깨어나, 다른 중생을 조금씩 생각하고 돌아볼 수 있는 마음을 갖게 되었습니까?

진실로 이렇게 변하였다면 이미 '나' 속에는 자리이타의 무량공덕이 생겨나기 시작한 것입니다. 미혹한 중생의 길에서 벗어나 보리심을 발할 줄 아는 보살의 길로 들어선 것입니다. 정녕 이보다 더 큰 이익과 향상이 어디에 있습니까?

부디 부처님의 가르침을 깊이 새겨, 기도하고 정진하는 우리의 마음을 보리심으로 바꾸어 보십시오. 그리고 석가모니불 · 아미타불 · 관세음보살 · 지장보살님과 같은 대자비심을 품어보십시오. 그야말로 우리의 삶이 자리이타 · 자각각타의 지혜롭고 자비로운 삶으로 바뀌게 되며, 어떠한 목표도 능히 성취할 수 있게 됩니다.

그날까지 용기를 잃지 말고 상념공경하면서 부지런히 기도하고 정진하시기를 깊이 축원드립니다.

나무대자대비관세음보살

III
윤 회

윤회를 믿고 있는가

　세상의 모든 종교들은 믿음을 중요시합니다. 불교도 마찬가지입니다. 믿음을 출발점으로 삼고 있습니다. 부처님의 가르침에 대해 믿음을 일으켜서, 분명히 이해하고 실천하여 해탈의 경지로 나아갈 것을 늘 강조하고 있습니다.
　하지만 부처님께서는 무조건 믿을 것을 절대로 강요하지 않았습니다. 오히려 "나의 말을 따르기 전에 잘 생각해보아서, 바른 가르침이라고 판단이 되면 믿어라."고 하셨습니다. 그리고 "바른 믿음을 일으켰거든 흔들림 없이 닦아 나아가라."고 일러 주셨습니다.
　흔들림 없는 믿음! 진실로 부처님이 좋고 부처님의

가르침이 좋다면 흔들림 없이 확고히 믿어야 합니다. 실로 믿음이 흔들리지 않으면 갈등이 없고, 갈등이 없으면 주저 없이 나아갈 수 있습니다. 그리하여 능히 원(願)을 성취할 수 있습니다.

그런데 우리는 어떻습니까? 부처님의 가르침을 흔들림 없이 믿고 있습니까?

고차적인 교리나 불가사의한 신통력 등은 그만두고라도, 윤회와 인과응보에 대해 확고히 믿고 있습니까? 전생이 있다는 것을, 내생이 있다는 것을, 전생의 업으로 인해 지금 이렇게 살아가고 있다는 것을 확신하고 있습니까?

윤회는 사바세계의 중생들이 그 지은 바 업에 따라 지옥·아귀·축생·아수라·인간·천상의 세계를 뺑뺑 돌아다니는 것을 말합니다. 이 윤회가 확실히 믿어집니까?

또 불생불멸(不生不滅)을 주창하는 불교에서는 '죽음을 옷 바꾸어 입는 것' 이라고 합니다. 이 말이 믿어집니까?

'지금 잘못 살면 죽은 다음 지옥에 떨어지든지, 개

가 된다, 소가 된다, 뱀이 된다' 고도 하는데, 이것이 믿어집니까? 그리고 이러한 윤회와 관련된 이야기들이 자연스럽게 믿어집니까?

　………….

오늘은 어제를 이어받은 날이요 내일은 오늘의 연장입니다. 전생은 금생의 과거요 내생은 금생의 미래입니다. 모든 사람들이 어제를 돌아보고 내일을 기약하며 오늘을 살면서도, 전생을 생각하고 내생을 바라보며 지금 이 생을 살아가는 이는 흔치 않습니다.

왜 어제는 돌아볼 줄 알면서 전생은 묵살하고, 내일은 기약하면서도 내생은 잊고 사는 것일까요? 그 까닭은 전생이 보이지 않기 때문이요, 지금 이 생에 대해 너무 집착하며 살고 있기 때문입니다.

현재의 이 생만을 느끼고 사는 사람들로서는 보이지도 않고 느낄 수도 없는 전생이나 윤회가 쉽게 믿어지지 않는 것이 지극히 당연한 일인지도 모릅니다. 지금 눈앞의 일도 잘 믿어지지 않는데, 전생이야기나 윤회이야기가 제대로 믿어지겠습니까?

최근의 한 통계조사에 의하면 우리나라 불자들 중

절반 정도는 윤회에 대해 믿음이 잘 서지 않는다고 하였고, 40%는 반신반의하였으며, 10%정도만이 윤회를 확신한다고 하였습니다.

이 윤회를 확고히 믿지 않는 것은 불교국가 중에서 우리나라가 가장 심한 편입니다. 태국·미얀마·티벳 등의 나라는 물론이요, 일본·중국 등에서도 윤회에 대한 믿음은 철저합니다. 그리고 힌두교 국가인 인도와 네팔 등지에서도 윤회와 업보를 확고히 믿고 있습니다. 그런데 유독 우리나라만 윤회에 대한 믿음이 옅은 까닭은 무엇일까요?

그 까닭은 두 가지에서 찾을 수 있습니다.

하나는 조선왕조 5백 년 동안의 강력한 숭유억불 정책으로 사람들 마음속에 불교적인 믿음이 사라지고 유교의 현세 중심 사상이 자리를 잡았기 때문입니다.

또 하나는 억불정책이 풀림과 동시에 기독교에 기반을 둔 서구사상이 물밀듯이 밀려들어와, 불교에 대한 이전의 믿음이 회복되기도 전에 현재의 물질만능주의적인 사고방식에 휩싸여 버렸기 때문입니다. 그래서 윤회에 대한 전통적인 사고가 단절이 되어 버렸고, 인과응보에 대한 믿음도 퇴색이 된 것입니다.

하지만 요즘 들어 이 윤회에 대한 불자들의 확신은 점점 더 강해지고 있습니다. 뿐만이 아닙니다. 윤회를 부정하는 기독교 문화권인 서구사회에서도 많은 이들이 윤회를 믿고 있습니다. 이렇게 서구사회에서 윤회와 인과응보를 믿게 된 것은 심리학자들이 최면술을 써서 행한 전생회귀(轉生回歸)의 실험에서 비롯되었습니다.

최면술을 걸어 과거로 돌아가게 하는 것을 연령역행(年齡逆行)이라고 하는데, 의학에서도 이 연령역행을 인정하고 있습니다. 곧 어떤 병에 걸렸으나 그 병의 원인을 찾을 수 없어 치료하기가 어려워졌을 때, 연령을 역행시켜 10년 20년 50년 100년 전을 조사 해 보았더니, 그 오랜 시간 전에 병의 원인이 되는 일이 있었음을 찾아낼 수 있게 되었기 때문입니다.

연령역행은 실험대상자에게 최면을 걸어 놓고 그 상태에서 사람의 연령을 거꾸로 역행시키는 것입니다. 가령 서른 살 된 사람에게 최면을 걸어 열 살로 돌아가게 하면, 열 살 먹은 사람이 되어 그때 있었던 일을 그대로 이야기합니다. 또 다섯 살로 돌아가게 하면 어린아이의 행동을 하거나 노래를 부르기도 합니다. 그리고 한 살로 돌아가게 하면 말은 하지 않고 손발을 바동거리고 우는 것 등으로 자신의 상태를 표현합니다.

이어서 "태어나기 전에는 어디에 있었느냐?"는 등의 질문을 합니다. 그러면 살던 곳이나 이름이 현생과는 완전히 달라지는 경우가 많습니다. 외국을 이야기하기도 하고, 그 당시의 상황을 자세히 설명합니다. 이것이 전생의 기억으로 돌아가는 전생회귀이며, 이 전생회귀를 통하여 한 생만이 아니라 2생·3생·4생에서 수십 생까지 거슬러 기억해내는 경우가 많습니다.

최면술에 의한 전생회귀는 동양보다는 서양에서 널리 실험되었는데, 특히 1950년대에 미국에서 매우 큰 반향을 불러 일으켰던 '브라이디 머피(Bridey Murphy)'의 이야기는 서구 사람들로 하여금 윤회를 믿게 하는 전환점이 되었습니다.

미국의 모리 번스타인이라는 의사는 콜로라도주 푸에블로시에 살고 있는 29세의 루스 시몬스라는 여자에게 최면술을 걸어 연령역행을 시도하였습니다. 그런데 그녀가 전생까지를 쉽게 거슬러 올라가는 것이었습니다.

그녀는 자신이 19세기에 아일랜드의 코우크시에 살았던 브라이디 머피라는 사람이라고 하였습니다. 그리고 최면상태에서 코우크시에서 살던 시절의 시가지 모습이나, 현재에는 사라져버린 여러 가지 생활 모습과 언어들, 신앙생활 등에 대해 자세히 이야기하였습니다. 또 그녀는 하녀의 신분이었는데, 늘 보다 높은 신분으로 올라가는 꿈을 품고 살았음을 이야기하였습니다.

모리 번스타인은 최면술에 걸린 상태에서 그녀가 진술한 내용들을 녹음하고 정리한 다음, 출판사에 의뢰하여 제3자들과 함께 그 여자가 말한 아일랜드 코우크시로 가서 조사를 했습니다. 나이 많은 이들은 그녀를 기억하고 있었고, 조사 결과 당시의 생활상이나 언어 등도 틀림이 없다는 것이 증명되었습니다.

이 일이 미국의 98개 신문에 게재되어 대대적으로 보도되자, 온 세계가 깜짝 놀랐습니다. 그리고 1954년에 『브라이디 머피를 찾아서』라는 제목의 책이 출간되자, 세계 각국어로 번역되었습니다.

　이 사건이 있은 이후 최면술을 통한 전생회귀의 사례들은 연이어 밝혀졌고, '죽으면 천국이나 지옥에 갈 뿐 환생이나 윤회는 없다'고 주장하였던 기독교를 크게 흔들어 놓기까지 하였습니다.

꼭 사람으로 다시 나는 것은 아니다

서양 사람들도 널리 믿고 있는 전생과 윤회. 이 전생과 윤회를 불자인 우리는 확실히 믿어야 합니다. 나아가 이 윤회와 관련하여 꼭 새겨야 할 또 한 가지가 있습니다. 그것은 '사람이 죽으면 다음 생에도 사람으로 태어난다는 보장이 없다'는 것입니다.

'개는 죽으면 개가 되고 사람은 죽으면 사람이 된다'가 아닙니다. 사람이 죽어서 개가 되기도 하고, 고양이가 되기도 하며, 소나 뱀이 되기도 합니다. 지은 바 업에 따라 지옥·아귀·축생·아수라·인간·천인 중의 한 길로 나아가게 됩니다. 또 소나 개도 그 업보가 다하면 능히 인간으로 태어날 수 있습니다.

❀

경상남도 양산시의 내원사로 들어가다가 계곡을 건너지 않고 계곡을 따라 안쪽으로 가면 '석불노전'이라고 하는 암자가 있습니다. 한동안 비어 있던 이 절을 1960년대 초에 50대의 비구니 스님이 맡아서 살게 되었습니다.

그런데 그곳에는 쥐가 유난히 많이 들끓었습니다. 하루는 석불노전 비구니 스님이 범어사 대성암으로 갔다가 새끼 밴 고양이가 있는 것을 보고 동문수학했던 비구니 스님에게 부탁을 했습니다.

"석불노전에는 쥐가 너무 많아 못살겠어요. 이 고양이가 새끼를 낳거든 한 마리만 줘요."

마침내 고양이가 새끼를 낳자 한 마리를 얻어 와서는, 수건으로 새끼고양이의 요와 이불을 만들어 발치의 따뜻한 곳에 재웠습니다. 그날 밤 스님이 꿈을 꾸었는데, 고양이가 누운 바로 그 자리에 초라한 할머니가 서서 하소연을 하는 것이었습니다.

"스님, 나 좀 잘 거두어줘요. 나는 범어사 밑의 남

산동에 살았는데, 집안이 가난하여 남의 눈을 속이며 살다가 이렇게 되었어요. 날 좀 잘 거두어 줘요."

스님은 꿈인 줄 모르고 걱정을 했습니다.

'저 자리는 우리 고양이가 자던 곳인데…. 아이구, 저 할머니가 우리 고양이를 안 밟았는가?'

놀라서 깨어나 보니 할머니가 서 있던 자리에는 고양이가 여전히 자고 있었습니다. 다음 날 석불노전 스님은 대성암으로 가서 꿈에 나타난 할머니의 모습을 이야기했습니다. 그러자 대성암의 여러 비구니 스님들이 말했습니다.

"그래, 이 범어사 밑의 남산동에 그렇게 생긴 할머니가 계셨지. 남산동은 형편이 매우 어려운 사람들이 모여 사는 동네인데, 할머니는 그 동네 사람들 중에서도 유독 가난하여, 남의 집에 품을 팔러 가지 않으면 입에 풀칠을 할 수 조차 없는 불쌍한 노인이었어. 일이 없는 날이면 범어사로, 이 대성암으로 올라와서 절 일을 거들었는데, 그때마다 찬밥이나 남은 떡, 반찬들을 조금씩 싸주었지."

"그런 분이 왜 고양이가 되었을까요?"

"그 할머니가 때때로 눈을 속이는 거야. 훔치는 것이었어. 그렇다고 하여 귀중품이나 돈에 손을 대는 것이 아니라, 찬밥 몇 덩이나 김치·나물·떡 부스러기를 몰래 가져갔으므로 모른 척 하였지. 아마도 그 업보 때문이런가?"

이야기를 듣고 석불노전으로 돌아와서 고양이를 보았더니, 고양이가 고양이로 보이지 않고 불쌍한 할머니로 보이는 것이었습니다. 그 때문에 스님은 고양이를 꾸중 한 번, 매 한 번 때리지 않고 키웠습니다.

이후 고양이가 여러 차례 새끼를 낳았고 동네의 임자 없는 고양이들을 끌어들여 석불노전에 30여 마리의 고양이가 들끓었지만, 스님은 그 고양이만은 내보내지 않고 정성껏 거두었습니다.

'저 고양이는 실수한 사람의 모습이다. 불쌍한 노인이 생각을 잘못 일으켜 저와 같은 업보를 받았으니…'

그와 같은 생각이 들어 정성을 다해 돌보았던 것입니다. 그 고양이도 스님을 유난히 따랐습니다. 스님이 출타를 하면 동구 밖까지 따라 나와 '잘 다녀오세요' 하는 듯이 '야옹야옹' 하였고, 스님이 돌아올 때를 어떻게 알았는지 동구 밖에 나와 기다리고 있었습니다.

그런데 2년 반이 지나자 고양이가 그만 죽어버렸고, 스님은 7일 마다 한 번씩 재를 올리며 49재를 지내 주었습니다. 스님은 재를 지낼 때마다 고양이를 위해 눈물을 글썽이며 정성을 다해 축원했습니다.

"복이 없어도 좋으니 인간이 되어 다시 오너라. 인간으로 태어나면 참회할 기회도 있고 복을 지을 기회도 있다. 또 다시 네 발 가진 몸을 얻게 되면 이것도 저것도 안 된다. 네 발 가진 축생이 되지 말고 꼭 인간세상으로 다시 오너라."

৪

중생은 누구나 똑같습니다. 이 육신의 옷을 벗고 난 다음에는 이 옷을 입었을 때 저지른 업에 따라 다음 생의 옷을 바꾸어 입을 뿐, 인간의 몸으로 죽었다고 해서 다음 생에도 인간의 옷을 입고 온다는 보장이 없습니다. 개의 옷, 돼지의 옷, 고양이의 옷으로 바꾸어 입는 경우가 다반사입니다.

그리고 인간의 몸을 받을지라도 현재와 같은 수준에서 산다는 보장도 없습니다. 남녀의 성별도 바뀌고 신분도 바뀌고 직업도 바뀝니다. 부자였던 이가 거지가 되기도 하고, 하인이 상전으로 바뀌기도 합니다.

이것을 확실히 믿을 수 있습니까? 이것이 확실히 믿어집니까?

잊지 마십시오. 내가 한 짓으로 말미암아 내가 당하게 됩니다. 간절히 당부하건대, 우리의 눈으로 확인하지 못한다고 하여 눈에 보이지 않는 반쪽의 세계를 무시하며 살아서는 안됩니다. '죽으면 그만이요, 이 세상 외의 다른 세상은 없다'는 생각으로 살아서는 안됩니다.

지금 눈에 보이지 않고 감지할 수 없는 것이라 하여 그 세계가 존재하지 않는 것은 아닙니다. 분명히 있기 때문에 무시하여서는 안됩니다. 때로는 눈에 보이지 않는 것이 오히려 더 크게 작용하여 우리를 복되게도 하고 불행 속으로 빠뜨리기도 합니다.

꼭 기억하십시오. 보이는 반쪽 세상만큼이나 보이지 않는 반쪽 세상 또한 중요합니다. 우리가 전혀 상상도 하지 못하고 있는 그 반쪽 세계가 지금의 '나'와 언제나 함께하고 있습니다.

죽은 다음에 간다는 지옥과 극락 또한 마찬가지입니다. 평소에 마음가짐을 바르게 하고 실천을 잘하여 복을 쌓게 되면, 숨진 다음에 바로 극락의 세계를 수용할 수 있습니다.

그러나 평소의 마음 씀씀이가 틀렸고 행동이 틀렸으면 숨진 다음에 수용하는 세계가 가시밭길이요 무서운 지옥이 되는 것입니다.

극락과 지옥은 평소의 '나'와 따로 있는 것이 아닙니다. 이 몸뚱이를 벗어버리면, 평소의 마음가짐과 실천에 따라 내가 있는 곳이 극락도 되고 지옥도 되는 것입니다.

그래서 나는 우리 불자들에게 보이지 않는 반쪽 세상을 늘 돌아보며 살 것을 당부 드립니다. 업보가 보이지 않고 반쪽 세상이 보이지 않는다고 하여 마구잡이로 살지 말고, 언제나 경건하고 조심하면서 복을 짓고 복을 쌓으며 살아갈 것을 당부 드립니다.

꼭 명심하십시오. 복을 닦고 도를 닦는 데는 인간

의 몸을 받았을 때가 가장 좋습니다. 축생이나 지옥의 세계에서는 죄업에 대한 과보만 받게 되고, 천상세계는 즐거움에 빠져 쌓아 놓은 복만을 까먹으며 살게 되지만, 인간의 몸일 때는 얽힌 것을 풀 수 있는 기회, 참회할 기회, 복을 쌓을 수 있는 기회가 주어집니다.

참으로 우리는 사람의 몸을 받은 이때에 갚을 것을 갚고 얽힌 것을 풀면서 큰 복을 닦아야 합니다. 이 몸을 받았을 때 빚을 갚고 모든 장애를 풀면서 자꾸자꾸 복을 닦아야 합니다. 전생에 지어놓은 복을 까먹지만 말고, 복을 짓고 복을 쌓아가야 합니다.

또한 복을 지음과 동시에 염불·참선·경전독송·사경 등의 지혜를 닦는 공부도 함께하여 복혜양족(福慧兩足)의 부처님이 되는 길로 나아가는 불자가 되어야 합니다.

원을 잘 세우고 살면

실로 윤회는 우리를 나쁜 쪽으로 인도하는 가르침이 아닙니다. 오히려 우리를 향상시키고 살려주는 가르침입니다. 윤회하기 때문에 보다 큰 뜻을 품을 수가 있고, 보다 높은 자리로 나아갈 수 있습니다.

그러므로 지금 이 생에서 원을 잘 세우고 나아가야 합니다. 원을 잘 세우고 복을 지으며 살아가면 어떠한 소원이라도 능히 성취할 수 있습니다. 현세에서 이루기가 어려운 여건이면 내세에서라도 능히 그 원을 이룰 수 있습니다.

조선시대 숙종(1675~1720 재위) 때의 범어사에는 계를 잘 지키며 열심히 정진하던 낭백(郎白)스님이 있었습니다. 스님은 흔들림 없이 열심히 수행하였지만, 당시 사찰의 수행환경은 너무나 열악하였습니다.

　억불정책으로 사람들이 불교를 마음대로 믿거나 절을 자유롭게 찾을 수 없었던 시절이었으므로, 사찰의 재정은 궁핍하기 짝이 없었습니다. 거기에 더하여 관가에서는 금정산성을 지키는 일에서부터 특산물을 수확하여 바치고 각종 노역에 동원하는 등, 무려 270여종에 이르는 엄청난 잡역(雜役)을 부과하여 스님들을 마구 혹사시켰습니다.

　절에도 할 일이 많은데 매일같이 관가에서 주는 이런저런 일을 처리해야 하니, 수행은 고사하고 절을 유지하기조차 힘든 지경이었습니다.

　'제발 스님들이 하루에 몇 시간씩만이라도 마음 편히 수행을 할 수 있었으면…'

　각박한 현실을 접하며 낭백스님은 늘 이렇게 생각

하다가, 마침내 부처님 전으로 나아가 발원했습니다.

"대자대비하신 부처님이시여, 스님들의 부역이 너무나 심하옵니다. 하여 저는 발원하옵니다. 이 생을 마친 다음 생에는 큰 벼슬에 올라, 범어사 스님들이 각종 부역에 시달리는 일 없이 마음 편히 도를 닦을 수 있도록 보살피겠습니다. 굽어 살펴주옵소서."

이렇게 원을 세운 낭백스님은 홀연히 절을 떠나 동래 기장의 도어령(刀魚嶺 : 갈치재)에 오두막을 얽어 머무르면서, 밤이면 짚신을 삼아 지나가는 행인에게 보시하였고, 날이 어두워 쉴 곳을 찾는 행인들을 맞아들여 손수 밥을 차려 주었습니다.

또 동래에서 온천으로 가는 대낫다리 동쪽의 산기슭을 개간하여 오이와 감자를 키워 가난한 이들에게 나누어 주었습니다. 그리고 동래 기찰의 큰 길 한 쪽 옆에 소나무를 심고 깨끗한 샘을 파서 지나가는 행인들이 갈증을 풀고 쉴 수 있게 하였습니다.

이렇게 스님은 절을 떠나 자비보시행을 실천하며 살고 있었지만, 하루도 예불을 거르는 일이 없었습니다. 매일 새벽 예불시간이면 서쪽 편에 있는 범어사를 향하여 부처님께 정성을 다해 기도하고 발원했습니다.

스님은 10여 년을 이와 같이 생활하다가 다시 범어사로 돌아가서 조그마한 방을 하나 얻어 며칠을 머물렀습니다. 그리고는 그 방의 문에 '개문자시폐문인(開門者是閉門人)'이라고 썼습니다. '이 문을 여는 사람이 바로 이 문을 닫은 사람'이라는 뜻입니다. 그리고는 한 행자에게 말했습니다.

"이제 나의 몸을 굶주린 범에게 보시하고 떠나기로 작정하였으니, 내가 간 다음 35년이 지나서 이 절의 잡역을 없애주고 불사를 위해 애를 쓰는 관리가 있으면 그 사람이 나인 줄 알아라."

스님은 그 길로 산으로 올라가 호랑이에게 몸을 던져 보시하였는데, 호랑이가 먹다 남은 유골은 며칠 후 나무꾼에 의해 발견되었습니다. 절에서 이를 수습하여 화장을 하자 사리와 영골(靈骨)이 나와 부도를 세웠는데, 지금도 범어사에 그 부도가 남아 있습니다. 또한 스님이 닫은 방문은 그 뒤 어느 누구도 열 수가 없었습니다.

그리고 약 35년의 세월이 흘렀을 때, 동래부사로 부임한 조엄(趙曮 : 1719~1777)이 범어사로 와서 닫혀 있던 방부터 찾아갔습니다. 그가 문고리를 당기자 그 동안 꼼짝도 하지 않던 문이 스르르 열렸습니다. 그리고는 주지스님에게 절의 사정을 물었습니다.

"여러 잡역들 때문에 스님들의 고생이 매우 심합니다."

그러자 조엄은 동래부에서 범어사에 부여하였던 노역을 대폭 줄여주고, 각종 불사를 돕겠다는 약속을 하였습니다. 주지스님은 닫혀 있던 방의 문을 연 것과 함께 노역을 면제시키는 것에 대해 느끼는 바가 있어 부사의 나이를 물었습니다. '35세'라고 하자 주지스님은 무릎을 쳤습니다.

"아! 오늘이 바로 낭백스님이 돌아가신지 꼭 서른 다섯 번째 되는 제삿날입니다."

조엄은 나이 마흔에 경상도 관찰사가 되어, 또다시 범어사를 비롯한 경상도 각 사찰에 대한 잡역들을 많이 면제시켜 주었는데, 범어사에는 조엄의 공을 기리며 그 당시에 세운 영세불망비(永世不忘碑)가 남아 있습니다.

8

조선시대의 불교박해는 참으로 심했습니다. 승려는 3대 천민의 하나로 취급을 당하였기 때문에, 유생들이 아무리 심하게 핍박하고 피해를 주어도 묵묵히 감수할 수밖에 없었습니다. 그리고 노예처럼 일했습니다.

그런데 이를 보다 못한 젊은 낭백스님은 원을 세웠고, 그날부터 보시행을 통하여 복을 지었습니다.

그리하여 당시의 세도가인 풍양조씨의 집안에 태어나 승승장구하였으며, 마침내 동래부사가 되고 경상도 관찰사가 되어 범어사를 찾아와서는 전생의 원을 이루었던 것입니다.

우리 또한 이 낭백스님처럼 윤회를 확실히 믿고, 윤회의 이론을 긍정적으로 펼쳐 봅시다. 내생이 내가 뜻한 바와 같이 변화하여 나타납니다. 성취가 있고 행복이 있고 평화로움이 넘쳐나게 됩니다.

아니, 꼭 내생만을 논할 것도 아닙니다. 살아 생전의 어느 날, 또 앞으로의 얼마 후에도 얼마든지 향상된 자리에 서 있을 수 있습니다.

부디 윤회를 믿으십시오. 믿든 안 믿든 나의 업은 업대로 전개됩니다. 윤회의 세계가 업 따라 펼쳐집니다. '해야, 동쪽에서 뜨지 말아라' 할지라도, 해는 언제나 동쪽에서 솟아올라 서쪽으로 넘어가게 되어 있습니다.

윤회와 내생이 지금은 우리의 눈에 보이지 않기 때문에 쉽게 믿음이 가지는 않겠지만, 믿는다고 하여 결코 손해 볼 것은 없습니다. 믿으면 오히려 편안해지고 바르게 노력할 수 있습니다.

보이는 세계와 보이지 않는 세계가 늘 함께 하는 것이 대우주의 섭리이기 때문에, 보이는 것만을 좇아가지 말고 보이지 않는 반쪽의 세계를 바라보고 생각하면서, 복을 짓고 복을 쌓는 노력을 게을리 하여서는 안됩니다.

윤회와 인과를 철저히 믿고 향상의 원을 세워, '내가 지은 업을 기꺼이 받겠다'는 자세로 살면서 복을 지어나가면, 우리는 나날이 나날이 행복해지고 세세생생을 행복하게 살다가, 마침내는 부처님과 같은 대해탈을 이룰 수 있게 됩니다.

  부디 윤회에 대해 잘 사색을 하고 굳건한 믿음을 가져서, 좋은 앞날과 좋은 세상을 만들어 가시기를 두 손 모아 축원드립니다.

  나무불 나무법 나무승.

Ⅳ
부처님 오신 뜻과 불성

부처님의 전생 수행과 탄생

부처님께서 사위국(舍衛國) 기원정사(祇園精舍)에 계실 때, 모든 비구들은 부처님의 전생 수행담을 듣고 싶어 했습니다.

그때 기원정사 뒤의 조용한 대숲에서 선정에 들어 있던 부처님께서는 비구들의 뜻을 비추어보시고 비구들에게로 가서 물었습니다.

"너희들은 이 자리에 모여 무슨 법문을 듣고자 의논하였는가?"

"저희들은 지나간 세상에 부처님께서 도 닦던 인연을 듣고자 의논하였습니다."

"잘 생각했다. 비구들아, 너희를 위하여 말하리니

자세히 들어라.

  비구들이여, 부처도 처음에는 보통 사람과 조금도 다름없는 범부(凡夫)였었다. 그러나 오랜 그 옛적에 죽음의 바다 속에서 깊이 깨달은 바가 있어 스스로 맹세하였다.

  '깊이 생사(生死)를 뛰어넘는 해탈(解脫)의 도를 구하리라.'

  이와 같은 맹세와 함께 생사(生死)와 죽음의 바다를 뛰어넘는 부처의 도를 구하기 위해, 위로는 부처님의 지혜를 구하고 아래로는 중생을 교화하는 보살(菩薩)의 큰 행원(行願)을 닦기에 게을리 하지 않았었다."

  이어서 부처님은 해탈의 도를 구하기 위해 수많은 생애 동안 행하였던 여러 가지 수행담을 들려주셨습니다. 설산동자(雪山童子) 이야기, 보시태자(布施太子) 이야기, 인욕선인(忍辱仙人) 이야기 등….

  부처님은 과거 전생에 닦은 여러 가지 수행담을 들려주신 다음 그 내용을 다시 요약해 말씀하셨습니다.

"비구들이여,

나는 모든 것을 베풀어 주는 보시행(布施行)으로 스스로의 탐심을 버림과 동시에 가난한 이들을 안아 들였고,

깨끗한 지계행(持戒行)을 닦아 스스로의 비행(非行)을 다스림과 동시에 비행을 저지르는 중생을 안아 들였으며,

모든 욕됨을 참는 인욕행(忍辱行)을 통하여 스스로의 성내는 마음을 다스림과 동시에 성을 잘 내는 중생을 안아 들였고,

끊임없이 나아가는 정진행(精進行)으로 스스로의 게으름을 다스림과 동시에 게으른 중생을 안아 들였으며,

마음을 통일하는 선정(禪定)을 닦아 스스로의 산란한 마음을 다스리고 산란한 중생들을 안아 들였고,

모든 이치를 바로 보고 깨닫는 지혜(智慧)를 닦아 스스로의 어리석음을 다스림과 동시에 어리석은 중생을 안아 들였느니라."

곧 부처님께서는 과거의 무수한 세월 동안 보시·지계·인욕·정진·선정·지혜의 육바라밀(六波羅蜜)을 닦아 스스로를 깨우침과 동시에 중생들을 교화하셨던 것입니다.

뿐만이 아닙니다. 부처님은 중생들의 의지처가 되기 위해 '네 가지 무량한 마음인 사무량심(四無量心)'을 항상 열어 놓았고, 네 가지 안아 들이는 방법인 사섭법(四攝法)으로 중생과 함께 하는 삶을 살았습니다.

4무량심은
① 모든 중생을 널리 사랑하는 마음〔慈無量心〕
② 모든 중생을 널리 불쌍히 여기는 마음〔悲無量心〕
③ 모든 중생을 다 기쁘게 하려는 마음〔喜無量心〕
④ 모든 중생을 친하고 미워함 없이 평등하게 생각하는 마음〔捨無量心〕입니다.

4섭법은
① 모든 것을 다 베풀어 주고〔布施〕

② 사랑하는 말로써 교화하고〔愛語〕

③ 상대에게 이익이 될 일을 하며〔利行〕

④ 남의 일을 내 일처럼 보살펴 주고 행하는 것〔同事〕입니다.

진정 전생의 부처님은 가장 거룩한 도를 이루겠다는 마음〔無上菩提心〕을 일으킨 뒤, 때로는 한 구절의 법문을 듣기 위해 목숨을 바치기도 하고, 한 중생을 구제하기 위하여 수많은 목숨을 내던지기도 하셨습니다.

이렇게 한량없는 세월 동안 수행한 결과, 선혜(善慧)라는 이름으로 수행하던 시절이 되었을 때, 마침내 연등불(燃燈佛)로부터 부처가 될 것이라는 수기(授記)를 받게 되었습니다.

선혜보살이 깊은 숲속에서 수행하다가 마을로 내려왔을 때 마침 그곳으로 연등불이 오셨고, 연등불이 진흙탕 길에 이르게 되자 선혜보살은 부처님의 발이 더럽혀질 것을 염려하여 입고 있던 자신의 옷을 벗어 진흙탕 위에 펼쳤습니다. 그러나 진흙탕이 모두 가리워지지 않자 머리카락을 풀어 길 위에 깔았고, 그것도 모자라자 온몸을 진흙탕 위에 던져 자신의 몸을 다리로 삼아 밟고 건너가게 하였습니다.

이러한 선혜보살을 보고 연등부처님은 말씀하셨습니다.

"장하다, 선혜여. 너의 도를 구하는 정성은 참으로 갸륵하구나. 그토록 지극한 정성이면 반드시 부처를 이룰 수 있게 되리니, 이제부터 91겁(劫)이 지나면 부처가 되어 석가모니라 불리울 것이다."

이렇게 해서 연등불로부터 부처가 되리라는 수기를 받은 선혜보살은 이곳에서 몸을 버리고 저곳에서 몸을 받아 나기를 수없이 하면서 다함없는 보살의 행원력(行願力)을 길렀습니다.

도를 구하는 마음은 마치 금강석과 같이 단단하여, 마음의 번뇌를 비롯한 모든 악마를 능히 물리칠 수 있었습니다. 그리고 모든 중생을 위해 나고 죽는 바다의 큰 배가 되었고, 어두운 마음을 밝히는 지혜의 횃불이 되었으며, 병든 사람에게는 좋은 약이 되었고, 길을 잃고 헤매는 사람에게는 훌륭한 길잡이가 되었습니다.

 이렇게 끊임없이 보살도를 닦아 마침내 보살의 최고 경지에 올라 도솔천(兜率天) 내원궁(內院宮)에 머물러 있었습니다.

 그곳에서 십선법(十善法)과 한량없는 법문으로 천인들을 교화하며 지내던 어느 날, 온갖 하늘 꽃이 향기를 풍기고 기이한 새들이 아름다운 노래를 부르는 하늘의 놀이동산에 미묘한 음악과 함께 한 구절의 게송(偈頌)이 울려 퍼졌습니다.

　　생사의 바다 뛰어넘어 할 일 마치실 날이
　　이제 다가왔으니 가여운 중생들 버리지 마소서
　　목마른 중생들에게 감로수 내려 주시고
　　번뇌의 타는 불꽃에 진리의 비를 뿌려 주소서

 이 노래를 들은 보살은 부처가 될 때가 되었음을 스스로 느끼고, 인간 세상에 내려가 부처가 될 다섯 가지 인연을 관찰하였습니다.

 ① 사람들이 부처님의 가르침을 능히 수용할 수 있

는 그릇을 갖추었는가?
　② 인간세계에서 부처가 될 때가 되었는가?
　③ 모든 나라 중 어느 나라에 태어나는 것이 좋은가?
　④ 모든 종족 중 어느 종족이 가장 깨끗한가?
　⑤ 과거의 인연으로 보아 누구를 나의 부모로 택함
　　이 좋은가?

　이와 같은 인연을 살펴본 뒤 선혜(善慧)보살이 선택한 나라는 카필라국이며, 그 종족 이름은 석가(釋迦, Sākya)입니다. 이 카필라국은 인도 북부의 비옥한 땅을 가진 평화로운 나라로, 그 나라의 왕은 정반왕(淨飯王, Suddhodana)이요 왕비는 마야(摩耶, Mahamāyā)였습니다.

　어느 날 밤, 마야부인은 황금으로 장식된 여섯 어금니가 돋힌 흰 코끼리가 하늘에서 내려와 오른쪽 옆구리로 들어가는 꿈을 꾼 다음 임신을 하였고, 달이 차서 출산의 시기가 다가왔을 때 아기를 낳기 위해 친정인 코올리국으로 떠났습니다.

　때는 청화한 4월 초순, 마야부인의 일행이 룸비니 동

산에 이르렀을 때 아름다운 각양각색의 꽃들은 한껏 향기를 뿜었고, 여러 종류의 새들은 기쁨의 노래를 불렀습니다.

평화롭고 아름다운 룸비니 동산에서 심신이 맑아짐을 느끼며 마야부인이 오른손으로 무우수(無憂樹, 우담발라) 가지를 잡고 무한한 희열에 잠겼을 때, 태자는 어머니에게 아무런 고통을 주지 않고 자연스레 태어났습니다.

태자는 태어나자마자 사방으로 일곱 발자국씩 걸으면서, 한 손으로는 하늘을 가리키고 한 손으로는 땅을 가리키며 외쳤습니다.

하늘 위와 하늘 아래 나 하나 홀로 높네
끝없는 나고 죽음 이에서 다하리라
나 이제 이 세상에서 모든 중생 건져내리

    天上天下 唯我獨尊 천상천하 유아독존
    無量生死 於今盡矣 무량생사 어금진의
    此生濟度 一切人天 차생제도 일체인천

유아독존의 '나'는 불성

"천상천하 유아독존(天上天下 唯我獨尊)"의 '나〔我〕'는 어느 한 개인의 '나'가 아니라 모든 이들이 다 갖추고 있는 '참된 나', 바로 불성(佛性)을 가리키는 것으로, 이 불성이야말로 하늘 위 하늘 아래 홀로 높고 가장 존귀한 것임을 천명한 것입니다.

그럼 불성이란 무엇인가?

불성이 무엇인가를 이야기하기 전에 잠깐 동안 단정히 앉아 모든 생각을 놓아 버리고 숨을 고요히 내쉬고 들이키며 선정(禪定)에 들어보십시오. 길지 않은 시간, 단 3분이라도 좋습니다. 자, 잠깐 앉아보십시오.

....

이 잠깐의 시간 동안, 물건처럼 잡을 수도 없고, 빛깔도 소리도 없지만 펄펄 살아 있는 어떤 기운을 느꼈을 것입니다.

어떠한 번뇌망상도 없는 고요 속에서 또렷이 살아 있는 그 기운! 그것이 바로 우리들 모두가 가지고 있는 불성의 기운입니다.

이 불성의 기운을 크다고 해야 할까요? 작다고 해야 할까요? 많다고 해야 할까요? 적다고 해야 할까요?

『반야심경』의 가르침처럼 불성은 불생불멸(不生不滅)입니다. 시작도 끝도 없기 때문에 불생불멸입니다. 어떠한 때가 끼는 일이 없고 더 어떻게 깨끗하게 할 수도 없기 때문에 불구부정(不垢不淨)이며, 누구나가 평등하고 한결같이 가지고 있기 때문에 부증불감(不增不減)이라고 합니다.

이 불성은 어느 누구도 간섭할 수 없고 빼앗아갈 수 없는 자리입니다. 부모도 자식도 부처님마저도 손을 대지 못하는 자리 입니다. 오직 나 하나만이 간직하고 알 뿐, 결코 어떤 존재도 간섭할 수 없는 차원입니다.

　돈으로도 어떻게 할 수 없고 벼슬로도 어떻게 할 수 없고 협박이나 공갈, 폭력으로도 어떻게 할 수가 없고 인정과 지식으로도 어떻게 할 수가 없는 '절대 유일의 차원' 입니다. 그야말로 천상천하 유아독존인 것입니다.

　이 절대 유일의 불성자리로 돌아가서 살면 모든 문제는 저절로 사라집니다. 그러므로 우리 불자들은 어떠한 경우에도 움직이지 않고 침범하지 않는 불성자리로 돌아가서 살고자 노력을 해야 합니다. 불성이 우리와 잠시도 떨어져 있지 않다는 것을 자각하며 살아야 합니다.

　그런데 우리들은 불성을 망각하고 살아가기 때문에 너무나 쉽게 스스로를 비하시키며 살아갑니다. 불성에 대한 확신과 인식이 없기 때문에 그릇된 삶의 길로 빠져들어 갑니다. 불성이 참 '나' 라는 사실을 잊어버리고, 끊임없이 일어나는 생각과 무상한 몸뚱어리를 '나' 로 삼고 살아가기 때문에 끝없는 방황을 계속하고 있는 것입니다.

하지만 염려할 일은 아닙니다. 이 절대 유일의 불성에는 무한한 가능성이 있기 때문입니다. 어디에서나 어느 때에나 얼마든지 바뀔 수 있는 가능성이 있으며, 그 가능성이 바로 불성입니다. 노력에 따라 많이 개발할 수도 있고 적게 개발할 수도 있는 가능성이 곧 불성인 것입니다.

하지만 불성은 '가능성'이기 때문에 개발을 하지 않고 노력을 하지 않으면 결실을 보여주지 않습니다. 발현을 위한 노력이 없으면 불성은 묻혀진 채로 있게 됩니다. 아무리 좋은 불성이 있고 가능성이 많다고 할지라도 개발하려는 의지가 없고, 전진하고 향상하고 발전하려는 노력이 없으면 언제까지나 업(業)을 따라 흘러갈 뿐입니다.

부디 이 가능성을 개발하십시오. 우리의 노력 여하에 따라 이 불성, 이 가능성을 한없이 개발할 수 있습니다. 석가모니부처님처럼 개발할 수도 있고 공자님, 예수님처럼 개발할 수도 있습니다. 음악 쪽으로 개발시키면 베토벤이나 박연 선생처럼 될 수도 있고, 미술 쪽으로 개발시키면 솔거나 다빈치처럼, 과학적으로 개발시키면 에디슨이나 아인슈타인처럼 될 수도 있습니다.

문학·수학·철학·예술·종교, 그 어떤 분야로도 개발할 수 있습니다. 무한정, 끝없이 향상할 수 있는 그 위대한 가능성! 그것이 불성입니다.

오직 개발하려는 '나'의 노력과 향상하려는 '나'의 의지 여하에 따라 정도의 차이만 있을 뿐, 그 가능성은 모든 중생에게 한결같이 있습니다.

이와같이 우리 모두는 부처도 될 수 있고 대학자도 될 수 있는 거룩한 불성, 위대한 가능성을 지니고 있기 때문에, 우리들 하나하나가 모두 위대하고 거룩한 존재인 것입니다.

이것을 우리는 확실히 믿고 확실히 인식해야 합니다. '나' 자신이 누구에게도 못지 않는 거룩한 존재라는 것을 확실히 믿고 열심히 정진해야 합니다. 나 속에 있는 절대 유일의 불성, 무한한 가능성을 지닌 이 불성을 주춧돌로 삼아 열심히 살아야 합니다. 그렇게 살아갈 때 모든 문제와 고통과 재난은 사라지고 행복과 자유와 영원이 깃든 새로운 삶이 눈앞에 펼쳐 진다는 것을 깨우쳐 주기 위해 부처님께서는 이 땅에 오신 것입니다.

모두에게 불성 있다

불성에 대해 또 한 가지 명심해야 할 사항은 이 절대 유일의 불성은 '나'만이 간직하고 있는 것이 아니라 누구나가 다 간직하고 있으며, 누구의 불성이든 조금도 차이가 없다는 것입니다.

일체중생 실유불성(一切衆生 悉有佛性).

부처님께서는 "모든 중생에게 불성이 있다"고 하셨습니다. 부처나 보살에게만 불성이 있는 것이 아니라 모든 중생에게 다 있다고 하셨습니다. '나'에게도 있고, 내 부모, 내 형제, 내 아들딸, 내 이웃, 심지어는 벌레에게까지 있다고 하셨습니다.

그런데 누구에게나 다 있는 절대 무차별이요 절대

평등의 불성을 망각하고 살게 되면 갖가지 병폐가 발생하게 됩니다.

'나'만을 위하고 '나'만을 사랑하는 우리. 우리는 욕심과 감성에 이끌려 이기심과 자존심으로 남을 무시하며 살아갑니다. 내가 최고요 내가 잘 되어야 한다고 생각하는 사람들, 나를 사랑하기 때문에 남을 무시하고 남을 돌아보지 않아도 좋다고 생각하는 사람들은 인정사정이 없습니다.

심지어는 같은 피를 나눈 형제끼리 손해를 보지 않겠다며 아귀다툼을 하고, 진실로 존경 속에서 살아가야 할 내외간에도 목소리를 높이고 무시하며 살아갑니다. 부모를, 자식을 내다버리고 사람의 목숨이 파리 목숨인양 칼부림을 벌이기도 하고 살인·강도·강간·성폭행 등의 사건들을 일으킵니다.

무엇 때문에 이렇게 된 것입니까? 불성을 잊고 살아가기 때문입니다. '나' 자신이 거룩한 불성을 지니고 있다는 것을 믿지 않기 때문이요, 모든 중생이 불성을 지닌 존재라는 사실을 망각하고 살기 때문입니다.

우리가 불성을 주춧돌로 삼고 산다면 남을 무시하

겠습니까? 내가 거룩한데 어찌 남을 해칠 것이며, 남이 거룩한데 어찌 존경하지 않겠습니까? 결국 나와 남을 존경할 줄 모르는 그릇된 이기심 때문에 인간평등과 좋은 유대관계가 깨어져 사회가 각박해지는 것입니다.

그러므로 우리는 무엇보다 먼저 우리들 자신이 지니고 있는 거룩하고 위대한 불성을 믿어야 합니다. 동시에 우리의 부모·형제·배우자·아들딸, 나아가 이 세상의 모든 사람들이 불성을 지닌 거룩한 분이요 위대한 분이라는 것을 깨달아야 합니다. 장차 부처가 될 그 모든 분들을 존경하고 섬길 줄 알아야 합니다.

예로부터 불교에서는 부모가 바로 부처님이요 형제가 바로 부처님이요 내 남편, 내 아내가 부처님이요 아들딸이 부처님이라는 가르침을 많이 내리고 있습니다. 그런데 우리의 일상생활은 어떠합니까? 곰곰히 돌이켜보십시오.

참으로 부모를 부처님처럼 생각하고 아침저녁으로 공양하는 분은 많지 않습니다. '내' 아들딸이라는 이

유를 들어 자식을 내 욕망에 맞도록 키우고 내 뜻과 같이 만들고자 합니다. 부부라면 서로 존중하면서 서로 아끼고 받들어야 하건만, 그렇게 사는 부부가 드뭅니다.

"일체 중생에게 불성이 있다."

"내가 곧 부처요, 내 마음이 부처다."

이러한 가르침을 수없이 듣고 들은 불자들 중에는 "내 마음이 부처지, 부처가 다른 데 있나."라는 말을 즐겨 하는 이들이 있습니다. 그렇습니다. 진실로 우리가 부처요 부처될 분들입니다.

그럼 우리의 남편과 아내, 우리의 아들딸은 부처가 아닙니까? 부모는 부처가 아닙니까? 내가 부처이면 그분들도 부처입니다. 정녕 우리가 참다운 불자라면 우리의 아들딸, 남편과 아내, 부모형제를 부처로 볼 수 있어야 합니다. 그리고 거룩한 그분들 앞에서 절을 하고 그분들을 잘 받들어야 합니다.

내가 그분들에게 머리를 숙이고, 우리 주위의 사람들을 부처님처럼 보고 부처님처럼 대한다면 모든 문제는 저절로 녹아버립니다.

실로 나는 법회를 할 때마다 남편에게 아내에게 아들딸 앞에 절을 하라고 이야기합니다. 가족 한 사람 한 사람에게 3배씩 올리라고 합니다. 그런데 대부분의 사람들은 그렇게 하지 못하겠더라고 합니다.

왜 못합니까? 그것은 불자로서 그만큼 자신없는 생활을 하고 있다는 증거입니다. 진실로 부모를 존경하고 고마워할 줄 알면, 남편과 아내를 존경하고 고마워할 줄 알면, 형제의 인연을 고마워할 줄 알면 절을 못할 까닭이 없습니다.

결코 나만 잘난 존재가 아닙니다. 나만 불성이 있고 다른 사람은 불성이 없는 존재입니까?

내가 지니고 있는 거룩한 불성을 개발하기만 하면 끝없이 향상할 수 있는 위대한 가능성을 지니고 있듯이, 우리의 부모형제, 남편과 아내, 아들딸들도 거룩한 불성과 위대한 가능성을 지니고 있습니다.

곧 내가 미래의 부처님이기 때문에, 그리고 우리 속에 부처를 간직하고 있기 때문에, 우리의 가족·친척·이웃은 모두 부처인 것입니다.

법당에 계신 부처님 앞에서는 몇 시간씩 절을 하고

3천배 4천배를 하면서, 살아 숨쉬는 가족 등의 부처님 앞에 고개 한번 숙일 줄 모르는 불자가 되어서는 안됩니다.

 부디 가족을 비롯하여 모든 사람을 부처님처럼 생각하십시오. 그리고 부처님처럼 대하십시오. 물론 처음에는 쉽게 되지 않을 것입니다. 하지만 모두에게 불성이 있음을 새기면서 꾸준히 익혀가다 보면 능히 모든 사람을 부처님 보듯이 할 수가 있습니다.

 그때가 되면 틀림없이 우리가 있는 이곳이 지극히 아름답고 평화로운 세계로 탈바꿈 하게 됩니다. 그리고 모두가 행복과 화합의 미소를 지으며 살 수 있게 됩니다.

 절대 유일하면서도 무한한 가능성을 지닌 불성을 개발하여 끝없는 향상의 길을 걷고, 누구에게나 절대 무차별하고 절대 평등한 불성이 있음을 알아서 함께 살아나고 깨어나는 길로 나아가는 것. 이것이 부처님께서 이 세상에 오신 참뜻임을 꼭 새기시기를 두 손 모아 청해봅니다.

 나무 시아본사 석가모니불

V
무주상無住相 하면 무한행복이

상에 대한 집착

『금강경』 제2 선현기청분(善現起請分)에는 부처님께 여쭈는 수보리존자의 질문이 있습니다.

"부처님, 선남자 선여인이 위없는 깨달음의 마음인 아뇩다라삼먁삼보리심, 곧 정말 잘 살겠다는 마음을 발하였으면, 마땅히 어떻게 그 마음을 유지해야 하며 어떻게 그 마음을 항복받아야 하나이까?"

이것이 『금강경』의 주제요, 이 질문에 대한 답이 금강경 전체의 내용입니다.
내가 발하는 마음.

내가 유지해야 할 마음.

내가 항복받아야 할 마음.

먼저 앞에서도 언급하였듯이 내가 발하는 마음은 아뇩다라삼먁삼보리심입니다. 아뇩다라삼먁삼보리심은 가장 바르고 위없는 깨달음을 이루겠다는 마음, 곧 가장 잘 살겠다고 결심하는 것입니다.

나는 불자들에게 늘 아뇩다라삼먁삼보리심, 보리심을 먼 곳에다 갖다 붙이지 말 것을 당부드립니다. 그것은 일상생활 속에서의 나의 마음가짐, 나의 실천 속에 있습니다. 부모 자식간의 대화와 행동, 부부 사이의 대화와 행동, 형제간의 대화와 행동 속에서 이 보리심을 발하여야 하고, 그 대화와 행동을 통하여 바라밀을 이루어야 합니다.

그런데 이 마음은 어디에 있습니까? 멀리 있습니까? 아닙니다. 너무나 가까이에 있는 것이 '나'의 마음입니다.

실로 이토록 가까이에 있는 '나'의 마음인데도, 이 마음은 한결같이 유지가 되지 않습니다. 끊임없이 흔들리고 방황하고 흘러갑니다. 하지만 우리는 '나'의 게으름이나 순간적인 잡념 등을 항복시키는 노력없이 살아갑니다.

그래서 수보리존자가 부처님께 '어리석은 중생들이 발아뇩다라삼먁삼보리심, 곧 바른 마음 밝은 마음 참된 마음을 낸 다음에 어떻게 그 마음을 유지해야 하는가? 그리고 어떻게 그릇된 마음을 다스려야 하는가?'를 여쭌 것입니다.

이에 부처님께서는 다음과 같은 답을 하셨습니다.

"선남자 선여인들이 아뇩다라삼먁삼보리심을 낸 다음에는 마땅히 이와 같이 그 마음을 유지하고, 이와 같이 그 마음을 항복받아야 한다."

참으로 묘한 답변처럼 들리지요? 그러나 대답의 뜻은 간단합니다. '그 마음을 내었을 때처럼 지키고, 그 마음을 내었을 때처럼 실천하라'는 것입니다.

방법이 따로 있는 것이 아닙니다. '발원한 그 마음을 그대로 유지하고, 그 마음을 내었을 때 그대로 실천하라'는 것입니다. 부모에게나 배우자·아들딸에게, 그리고 사회생활 속에서 그대로 하면 된다는 것입니다. 그 이상도 그 이하도 없이 그렇게 살면 된다는 답을 주신 것입니다.

그런데 문제는 무엇인가? 바로 아상(我相)입니다. 아상으로 인해 마음을 그대로 유지할 수 없기 때문에 아상없이 살아야 합니다. 아상을 없애어 그 마음을 항복받으면 위 없는 깨달음을 저절로 이룰 수 있습니다.

이 때문에 부처님께서는 아상·인상·중생상·수자상 등의 4상(四相)이라는 그릇된 마음을 항복받아야 위없는 깨달음을 성취한다고 하셨습니다.

그런데 우리는 어떻습니까? 아상(我相)의 구덩이에 빠져 살고 있습니다.

'내가 ~을 했어', '내가 ~을 할 거야.'

불사를 하거나 시주를 하거나 사회봉사를 하고 난 다음에 '내가 ~을 했다'는 마음이 붙게 되면 깨달음의 길로 나아갈 수 없습니다. 조그마한 복을 쌓을지언정, 깨달음을 이루는 것과는 무관합니다.

그러므로 금강경의 가르침은 바로 '이와 같은 마음

을 항복 받아라'는 것입니다. '나는 ~을 한다', '내가 ~을 했다'는 자랑 섞인 그 마음 없이 하는 것이야말로 '위없는 깨달음〔無上菩提〕을 방해하는 그 마음'을 항복받는 방법이요 항복받았다는 증거입니다.

실로 우리 불자들은, 비록 불교를 위하고 부처님을 위하고 남을 위해 말할 수 없이 좋은 일을 하였을지언정, 그것을 알리고 자랑하고 싶어 못 견뎌하는 그 마음부터 항복받아야 합니다. '나는 ~을 한다', '내가 ~을 했다'는 자랑이 일어나지 않도록 마음을 잘 다스려야 합니다.

보시를 하였으되 '내가 ~을 했다'는 생각이 이어지지 않도록 마음을 항복받고, 불교 단체의 간부를 맡더라도 '내가 절이나 이 모임에서 ~을 한다'거나, '~을 했다'는 상(相)이 없도록 그 마음을 항복받아야 합니다.

가정생활에서도 마찬가지입니다. 부모로서 아들딸에 대해 '내가 너의 엄마다'라는 생각이 없도록 그 마음을 항복받고, '아들에게 어떻게 해줬다', '딸에게 어떻게 해줬다'는 마음을 항복받아야 합니다.

이러한 마음을 항복받지 못하면 늙어 힘이 없어질 때 '섭섭하다', '괘씸하다' 는 생각이 붙고, 심지어는 억울함과 실망감 속에서 자식과 원수처럼 지내거나 극단의 길을 택하는 경우가 많이 생겨납니다.

냉철하게 생각을 해 보십시오.

대부분의 사람들은 처음부터 끝까지 '나' 의 욕심에서 출발하여 '나' 의 욕심 속을 파드득거리다가 죽어갑니다. 아들딸에 대해서도 자신이 기울인 노력만큼이나 자부심과 기대를 갖습니다. 정녕 아들딸을 다 키운 다음, '나하고의 인연이 있어 교육을 시켰을 뿐이다. 부모로서의 일을 마쳤다' 며 손을 터는 부모가 있습니까?

이렇게 손을 털지 못하면 노년이 되어 자신이 좋지 못한 환경에 처하게 될 때 아들딸에 대해 섭섭해하고 원망을 합니다. 왜 그러합니까? 바로 '내가 했다' 는 아상이 붙어 있기 때문이요, 대가를 바라는 생각이 붙어 있기 때문입니다.

'내가 했다' 는 생각, 그리고 '기대' 가 섭섭함과 괘씸함으로 이어지게 되면 갖가지 비극을 초래하게 되기 때문에, 나는 법회 때가 되면 자주 당부를 드립니다.

"나이 많은 할머니 할아버지들은 아들집이나 손자집에 제사밥 얻어먹으러 가겠다는 생각을 하지 마십시오. 절대로 하지 마십시오. 그리고 다 자란 아들딸이나 손자들의 걱정도 하지 마십시오. 참으로 아들딸을 위하고 손자를 위한다면, 한평생을 살면서 부모·시부모·형제·자식·남편·아내와 맺었던 얽히고 설킨 감정을 확 풀고 가야 합니다. 여러분의 가슴 속에 수십 년 얽히고설켰던 감정들, 미웠고 섭섭했고 괘씸했던 생각들이 모두 다 떨어져 나가면, 염불 한 마디 하지 않아도 저절로 극락에 갑니다. 그리고 여러분의 자식들은 저절로 행복하게 됩니다."

진실로 훌륭한 아버지 어머니가 되려면, 부모로서의 최선을 다하되 '해준다', '해줬다'는 생각을 붙이지 말아야 합니다. '내가 아들딸에게 이렇게 저렇게 해줬다'는 그 마음을 항복받아야 합니다. 그 마음을 항복받지 못하면 노년에 괄시를 받을 때 '섭섭하고 괘씸하다'는 생각이 붙지 않을 수 없습니다.

　그러므로 '내가 내 아들딸을 어떻게 키웠는데',하는 집착을 버려야 합니다. 반드시 그 마음을 항복받아야 합니다. 아들딸뿐만이 아니라, 내외 사이, 형제 사이, 부모와 친구 사이에 있었던 모든 계산상의 마음들을 항복받아야 합니다.

　불자들이여, '나는 ~을 한다', '내가 ~을 했다'는 이 아상(我相) 하나만 잘 항복받아보십시오. 그렇게 되면 마음의 평화가 깃들고 행복이 저절로 찾아들며, 해탈의 문 또한 열리게 됩니다. 그리고 이러한 가르침을 잘 수용하면, 참으로 즐겁고 자유로운 삶을 만끽하게 됩니다.

보리심을 잘 유지하는 방법

　그럼 스스로가 발한 보리심을 잘 유지하는 방법은 무엇인가?
　어떻게 하여야 우리가 닦는 행이 깨달음으로 이어지고 대우주의 진실한 행, 법계의 무한복덕과 하나가 되는 행이 될 수 있는가? 역시 마찬가지입니다.
　그 비결은 '무주(無住)' 입니다. 머무름이 없는 행, 곧 집착이 없는 행이어야 합니다.
　집착이 없어야 대우주의 진실을 체험할 수 있고, 부처를 이룰 수 있으며, 대우주의 무한복덕과 하나가 된다는 것입니다. 다시 가족을 예로 들어 봅시다.
　가족의 굴레 속에서 우리는 '아버지' 라는 집착,

'어머니'라는 집착, 저 아이가 '내 자식'이라는 집착으로 살아갑니다. 집착 속에서 우리의 생각과 말과 행동이 이루어지는 것입니다. 그런데 보리의 길, 깨달음의 길, 대우주의 진실한 행은 정반대입니다.

주하는 바 없이, 집착하는 바 없이 모든 일을 행하여야 보리의 길, 해탈의 길로 나아갈 수 있는데, 집안의 일에서부터 집착 하나를 떼내지 못한 채 서로에게 베풀고 있으니 어떻게 거센 파도가 몰아치는 이 고해를 벗어날 수 있겠습니까? 그래서 부처님께서는 '마땅히 상에 집착하는 바 없이 행해야 한다'고 말씀하신 것입니다.

우리는 가족끼리 서로 사랑하며 살아간다고 합니다. 그리고 사랑이라는 이름으로 서로에게 집착을 합니다. 그러나 그 집착이 사랑으로 베푼 모든 것을 무위로 돌려놓습니다. 어떤 때는 원결까지 맺어버립니다.

그러므로 서로 사랑할 뿐 아니라 믿고 의지하는 부모·자식·형제·부부 사이일지라도, '사랑하기 때문에, 만만하기 때문에 마음대로 해도 된다'는 생각을 가져서는 안 됩니다. 마음대로 말하고 마음대로 행동하면 결국은 무서운 결과를 만들게 됩니다.

반대로 '남편이다·아내다·아버지다·어머니다·자식이다'고 하는 집착 없이 그 사람에게 이바지해 줘야 합니다. 뿐만 아니라 사회생활의 모든 일 속에서도 구속되거나 집착하는 마음 없이 베풀어야만 합니다.

이렇게 가족에게 이바지하고 사람들에게 베풀면 '상에 집착하는 바 없이 행하는 무애의 보살'이 될 수 있으며, 우주의 무한 복덕을 수용하고 해탈의 길로 나아갈 수 있습니다.

상(相)! 부처님께서는 이 상에 집착하지 않으면 보리심을 잘 유지할 수 있고, 위없는 깨달음인 아뇩다라삼먁삼보리를 성취할 수 있다고 하셨습니다. 그렇다면 상(相)이란 무엇인가?

상은 모양입니다. 물질적인 모양을 갖춘 것만 상이 아니라, 소리·향기·맛·감촉 또한 상이며, 고착된 생각 또한 형체 없는 상입니다. 곧 '내가 부모'라는 생각도 상이요, '저 아이는 내 자식'이라는 생각도 상이며, '내가 저 아이에게 무엇을 해줬다'는 생각도 상입니다. '내가' '누구에게' '무엇을 해준다'. 이 셋 중 하나만 남아 있어도 상에 집착하는 것입니다.

부처님께서는 이 세 가지 상을 모두 떠나라고 가르쳤습니다. 결코 이것이 쉬운 일은 아닙니다. 상을 비우기는 참으로 어렵습니다. 그런데도 부처님께서는 절대로 '상에 집착하지 말 것'을 강조하셨습니다. 왜 그랬을까요?

그 까닭은 '상에 집착하지 않는 행이라야 그 복덕이 헤아릴 수 없기 때문'입니다.

실로 이 법계는 무한의 행복과 무한의 영광으로 가득 차 있습니다. 그런데도 우리는 '나' 스스로가 만든 상으로 마음의 문을 닫아 대우주의 무한한 영광과 행복과 상서(祥瑞)를 거절하며 살고 있습니다. 스스로가 불행하고 괴롭고 슬프게 만든 것일 뿐, 그 누가 있어 그렇게 만든 것이 아닙니다.

따라서 '나'라는 상에 사로잡혀 일으킨 탐욕과 성냄과 어리석음을 비우고 살게 되면, 대우주의 무한 행복과 영광이 모두 '나'에게로 옵니다. 그리고는 마침내 부처님과 같은 존재가 될 수 있는 것입니다.

부디 불자들이여, 상(相)없이 살도록 합시다. 부모라는 상, 자식이라는 상, 윗사람이라는 상, 불자라는 상, 스님이라는 상, 공부를 많이 했다는 상 등을 비우고 삽시다. 이러한 상들이 대우주의 행복을 차단시킵니다. 반대로 상을 비우면 무한 행복이 저절로 찾아듭니다.

결코 겉모습만 벗어버리지 마십시오. 일체의 상에 대해 마음으로 벗어야 합니다. 어찌 해탈이 바깥에서 오는 것이겠습니까? 상을 벗어 마음이 열리게 되면, 일체의 고통으로부터 얽매이지 않게 됩니다.

정녕 빨리 해탈하려면 가까운 쪽부터 시작하여 자꾸 벗어나는 노력을 기울여야 합니다. 따라서 상에 집착함이 없이 허공과 같은 마음으로 살아야 해탈을 이루고, 가히 헤아릴 수 없는 복덕을 누릴 수 있는 것입니다.

집착 없는 삶. 이렇게 집착 없는 삶을 강조하다보니, '삶의 의욕조차 부인하는 것이 아닌가' 하고 의문을 갖는 사람도 있습니다.

그러나 부처님께서 강조하신 '무주상(無住相)'은 부정이 아닙니다. 이때까지 살아온 중생들의 보편적인 삶의 모습〔相〕을 부정하여 참모습과 실체를 보게끔 하자는 것입니다.

법계의 진정한 모습을 보고 법계와 하나가 되려면 이제까지처럼 집착에 가린 눈으로 겉모습만 보아서는 안 됩니다. 이제 집착을 벗어버린 실제의 눈을 떠야 합니다. 실제의 눈을 뜨고 참모습을 바라보라는 것입니다.

이것이 『금강경』의 핵심 가르침인 '무주상'에 숨겨진 뜻입니다. 상에 집착하지 않는 무주상! 이것이 결코 쉽지는 않겠지만, 우리가 상에 집착하지 않도록 자꾸자꾸 노력하면 차츰 보리심을 유지할 수 있게 되고, 마침내는 아뇩다라삼먁삼보리, 곧 부처님과 같은 대각(大覺)을 성취할 수 있게 되는 것입니다.

범소유상 개시허망

　이제 부처님께서는 한 편의 게송으로 우리의 믿음을 시험하십니다. 우리의 믿음이 위없는 깨달음을 이룰 수 있는 것인가를 스스로 느낄 수 있도록 한 것으로, 그 게송은 다음과 같습니다.

　무릇 있는 바 상相은
　다 헛되고 망령된 것이니
　만약 모든 상相이 상 아님을 보면
　곧바로 진실한 여래를 보게 되느니라
　　凡所有相　범소유상
　　皆是虛妄　개시허망

若見諸相非相 약견제상비상

卽見如來 즉견여래

　우리는 이 사구게(四句偈)를 통하여 우리의 신심을 점검해 볼 필요가 있습니다. 불자임을 자부하고 부처님의 가르침을 실천하고 있는 불자로서, 과연 이 사구게를 '아! 그래' 하면서 그대로 받아들일 수 있습니까?

　만약 이 사구게 법문을 듣고 '맞다, 진짜 말씀이다' 는 공감이 일어나지 않는다면 우리는 아직 진짜 신심을 발하지 않은 불자입니다.

　불교를 믿는 우리의 신심(信心)! 우리는 너무나 밖을 향해 찾아다닙니다. 출발점·원점은 찾으려 하지 않고, 자식이나 집안 등의 현실적인 행복을 찾고자 끊임없이 헤맵니다. 잘 나고 잘 살아보겠다는 상(相)에 취해 밖으로 밖으로 행복을 찾아 헤맵니다.

　그러나 상(相)이 있는 모든 것은 허망할 뿐입니다. 아무리 잘 가꾸어도 태어난 몸은 죽기 마련이요, 만남이 있으면 헤어지기 마련입니다. 모였다가 흩어지고, 생겨났다가는 사라지는 것이 모든 상의 본질인 것입니다.

부처님이라 하여 예외일 수 없습니다. 물질적이요 '나'의 생각으로 만든 부처님은 참부처님이 아닙니다. 그냥 허망한 부처님일 뿐입니다. 그런데도 우리는 '나의 상(相)' 속에서 부처님을 믿습니다. 모양을 갖춘 부처님, '나'의 생각 속의 부처님을 믿습니다.

하지만 이것이 참된 부처님입니까? 사라지고 부서져 무너지는 이 부처님이 참된 부처님입니까?

아닙니다. 부처님은 상을 떠나 있고, 상(相)에 집착하는 이상에는 참된 부처님을 볼 수 없습니다. 그래서 부처님께서는 무엇보다 먼저 자신의 우상화부터 깨뜨렸습니다. 그 가르침이 바로 부처님도 예외가 아니라는 '범소유상 개시허망'이요, '모든 상이 상 아님〔諸相非相〕'을 꿰뚫어 볼 줄 알아야 '즉견여래' 한다는 것입니다.

이제 이 사구게를 통하여 우리의 신심을 다시 정립해야 합니다. 상을 떠난 참된 신심으로 깨달음의 세계로 나아가야 합니다. 아니, 상을 떠난 원점의 자리로 돌아가야 합니다. 그렇게 되면 한량없는 복덕을 얻게 됩니다.

그렇습니다. 대우주의 실상을 보고 아상으로부터 비롯된 감정·욕심·분별심을 개입시킴이 없이 대우주의 실상대로 사는 이에게는 대우주의 행복과 영광이 그대로 임하지 않을 수 없는 것입니다. 상을 떠나면 원점으로 돌아오고, 원점으로 돌아오면 무한 행복과 영광이 마냥 충만되어 있습니다.

실로 상의 테두리에서 생각하고 살아가는 사람은 큰 복을 누리지 못하고, 상의 테두리를 벗어버리면 대우주의 무한 행복과 영광을 다 누릴 수 있게 됩니다. 곧 '옳다·옳지 않다', '진짜다·가짜다', '곱다·밉다' 는 등의 상대적인 생각마저 떨어져 나가야 대우주의 실상인 원점에 도달하여 무한 행복을 향유할 수 있는 것입니다.

그런데 우리는 어떠합니까? 우리는 상에 사로잡혀 삽니다. 학식이나 상식, 나의 생각, 물질 등에 얽매이면 그대로 상이 되는데, 이 상을 벗어버리지를 못합니다. 법이라는 생각, 법이 아니라는 생각, 옳다·그

르다는 생각, '나'의 욕심·감정·고집·사랑, '내가 한다·했다·해줬다'는 상 등의 갖가지 상에 붙들려 일평생을 보냅니다.

정녕 우리가 평생을 '나다,나다' 하며 살지만, '나' 스스로가 만든 상을 벗어나 참으로 자유로운 '나'로 산 시간이 얼마나 됩니까? 그리고 남을 위해서는 얼마나 아낌없이 살았습니까? 자식이 되어 부모에게 진실한 자식 노릇도 못해보고, 부모가 되어 진실한 부모 노릇도 못해보고 사는 존재가 우리입니다.

왜 이렇게 살아갑니까? 모두가 상에 얽혀 살아가기 때문입니다. 상에 걸려 살아가기 때문입니다. 우리 중생은 좋아도 걸리고 나빠도 걸리고 미워도 걸리고 고와도 걸립니다. 옳아도 걸리고 그르다고 걸리고 기쁘다고 걸리고 괴롭다고 걸립니다.

푸른 하늘 같은 마음에 웬 구름들이 그렇게 많이 걸리는지…. 그래서 부처님께서는 '걸리는 모든 것을 취하지 말라'고 하셨습니다. 저절로 사라질 뜬구름을 쥐고 살지 말라고 하셨으며, 심지어는 당신께서 설하신 진리마저도 집착하지 말라고 하셨습니다.

실로 이와 같은 부처님의 주문은 집착 속에서 살아가는 우리들에게 있어 너무나 어려운 것일 수도 있습니다. 그러나 어쩔 수가 없습니다. 집착을 하고 있는 이상에는 원점을 회복해 가질 수 없기 때문입니다. 집착의 구름이 있는 이상에는 맑은 하늘이 온전히 드러날 수 없기 때문입니다.

하지만 이 가르침이 법을 배우지 말라는 것은 아닙니다. '배우되 집착하지 말라' 는 것입니다. '활용을 할 뿐 집착을 하지 말라' 는 것입니다. 부처님께서는 말씀하셨습니다.

"이러한 까닭에 여래는 항상, '비구들이여, 너희는 나의 설한 법을 뗏목으로 여겨야 한다' 고 말한 것이다. 이렇게 법도 오히려 놓아버려야 하거늘, 하물며 법 아닌 것이랴."

부처님께서는 당신께서 설하신 법, 그 진리의 법문을 뗏목이라 하셨습니다. 큰 강을 사이에 둔 차안(此岸)과 피안(彼岸). 고통으로 가득한 이 언덕에서 행복한 피안으로 건너가려면 큰 강을 건너야 하고, 그 강을 건너기 위해서는 뗏목이 필요합니다. 그런데 부처님의 법은 뗏목과 같다는 것입니다.

뗏목의 용도가 무엇입니까? 강을 잘 건너기 위해 필요한 도구일 뿐, 저쪽 언덕으로 건너가고 나면 다시는 탈 일이 없습니다. 그러므로 피안에 도착하면 뗏목을 버려야 합니다. 고맙기 그지없는 뗏목이라 하여 등에 짊어지고 다니는 바보가 되어서는 안 된다는 것입니다.

'달을 보았거든 손가락 보기를 놓아버리고, 집에 돌아왔거든 길을 묻지 말라'는 옛 말씀처럼….

이렇듯 불자들은 법을 배우고 법을 의지하되, 필경에는 그 법도 놓아버려야 합니다. 나아가 법도 집착을 하지 않거늘, 진리 아닌 것을 붙들고 있을 까닭이 무엇입니까? 다 놓아 '허공처럼 맑은 마음을 가져라'는 것이 부처님의 한결같은 가르침입니다.

부디 이와 같은 가르침에 의지하여 모든 집착을 놓아버리십시오. 모든 상의 먹구름이 걷히면서 원래의 맑고 밝은 하늘 그 자체로 돌아갑니다.

구름 한 점 없는 맑은 하늘의 무한 행복과 영광. 우리 모두가 이 무집착의 행복과 영광을 함께 누리게 되기를 축원드리면서 법문을 마감합니다.
나무 금강반야바라밀경.

VI
이 실천만은 꼭

나는 어떠한가

 한 번 뒤돌아보십시오. '내다 내다' 하고 있는 바로 이 '나'를 뒤돌아보십시오. 나의 마음에서 비롯된 생각과 말과 행동으로 인해 나와 내 주변이 어떻게 변화했는지를 뒤돌아보십시오.
 마음 한 번 꿈틀거릴 때 일어나는 내 중심의 생각이 우리 집안에 먹구름을 만들었고, 함부로 움직인 나의 헛바닥 때문에 집안의 운이 꺾이고 들어오던 재수가 되돌아섰던 경우가 한두 번이 아닙니다. 또 나의 몸가짐과 행동을 함부로 함으로써 집안의 모든 행복을 부수어버렸다는 것을 뒤돌아 보셔야 합니다.
 '나'의 생각과 말과 행동. 이것이 바로 우리의 참

된 스승이라는 것을 잊지 말아야 하고, 이것을 바르게 하면 능히 깨달음과 행복의 세계로 들어갈 수 있습니다.

우리의 마음은 빛깔도 모양도 냄새도 맛도 없습니다. 그런데도 이 마음의 움직임은 참으로 무섭습니다. 모양도 빛깔도 소리도 없는 이 마음이 한번 꿈틀거려 부부간의 싸움, 형제간의 싸움, 부자간의 싸움, 동료간의 싸움을 일으키고 있다는 것을 일상생활 속에서 늘 겪고 있지 않습니까?

❁

내가 울산의 학성선원에 머물러 있었을 때, 그 절에 참으로 억센 할머니 한 분이 다녔습니다.

그 할머니는 내가 두 시간을 서서 목탁치고 있으면 두 시간 동안을 합장한 자세 그대로 정근을 하고, 내가 네 시간을 서서 목탁치고 있으면 미동도 하지 않고 합장한 채 정근을 계속했습니다. 내가 일곱시간을 목탁치면서 정근하였더니, 일곱 시간 동안 자세 하나 흩트리지 않고 따라 했던 지독한 할머니입니다.

여름이면 모시옷을 깨끗이 다려입고 와서 기도정근을 하였는데, 한 번은 모기가 붙어서 피를 빨았습니다. 손을 대지 않고 그대로 두자, 모기는 할머니의 피를 빨다가 빨다가 배가 터졌고, 그 피가 모시옷에 줄줄 흘렀는데도 꼼짝 않고 정진을 한 그런 분이었습니다.

이런 불자를 우리는 '대단하다'고 평가합니다.

하지만 그 남편 분의 생각은 달랐습니다. 남편은 성당에 열심히 다닐 뿐, 할머니와 함께 절에 오는 법이 없었습니다.

"당신 집안에서는 대대로 불교를 믿어 왔고, 부인도 그토록 열심히 절에 다니는데 왜 성당을 다니시오?"

주위 사람들이 물으면 남편은 잘라 말했습니다.

"나는 집사람과 떨어져 있고 싶다. 잠시 잠깐이라도 벗어나서 살고 싶다. 내가 성당에 가는 그 시간만큼은 아내와 떨어져 살 수가 있지 않겠는가. 그래서 성당에 다닌다."

이런 말을 스스럼없이 할 만큼 그녀는 남편까지도

손아귀에 볼끈 쥐고 살았습니다.

팔십 노령이 되어 남편이 죽자, 아들이 없었던 할머니는 딸에게 의지하기 위해 서울로 올라갈 수밖에 없었습니다. 하지만 이전의 버릇만은 여전했습니다.

울산 쪽에 있을 때 할머니는 가는 절마다 판을 쳤습니다. 대본사인 통도사나 범어사에서도 판을 쳤던 분이었습니다. 그런데 서울에 갔으니, 어찌 조계사에 가서 판을 치고 싶지 않았겠습니까? 그래서 딸에게 청했습니다.

"법문 들으러 조계사에 가야겠으니, 불전이며 여비를 다오."

딸은 단호히 거절했습니다.

"저는 못 드립니다. 그리고 앞으로는 절에 다니지 마십시오. 엄마는 절에 다닐 자격이 없습니다."

"내가 왜?"

"40년 동안을 절에 다니면서 마음가짐을 고쳤습니까? 말씨를 고쳤습니까? 행동을 고쳤습니까? 바뀐 것이라고는 전혀 없는데, 무엇하러 부처님집에 갑니까? 엄마 같은 사람이 절에 다닌다는 것은 불자 모두를 욕되게 하는 것입니다. 부처님집에 가시면 부처님의 가르침을 익히면서 조금씩 향상이 되어야 하는데, 엄마는 어떤 점이 좋아졌습니까?"

"……."

"앞으로는 엄마가 딴 곳에 간다고 하면 여비든 잡비든 넉넉히 드리겠지만, 절에 가신다고 하면 어떠한 돈도 못 드립니다."

⁂

여기서 스스로를 한 번 돌아보십시오. 불교를 믿으면서 '나'는 무엇이 달라졌습니까? 가족을 더 많이 사랑하게 되었습니까? 주위 분들을 더 많이 사랑하게 되었습니까?

불교를 믿고 절에 다니면서 내 아들딸·남편아내·부모형제를 더 많이 사랑하는 이가 되었다면, 그 가족분들 앞에서 헛된 말·독한 말·모진 말을 함부로 내뱉지 못할 것이고, '밉다·괘씸하다·분하다'는 등의 마음을 내지 못할 것이고, 거칠거나 그릇된 행동을 함부로 하지 않고 있을 것입니다.

만약 내가 소중한 가족 앞에서 상처를 주는 말을

하거나 이기심 가득한 행동을 하고 있다면, 아직은 '참된 불자의 길에 들어선 사람'이라고 할 수가 없습니다.

괴로움을 벗어나 잘 살려면

　이제부터라도 바뀌어야 합니다. 내 마음가짐이, 내 말이, 내 행동이 바뀌어야 내 가정에 변화가 오고 우리 집안에 변화가 옵니다. 바뀌어야만 참지 않고서는 살아갈 수 없는 이 사바세계를 벗어날 수 있습니다. 해탈하여 행복하게 살 수가 있습니다.
　불교에서는 우리가 살고 있는 이 세계를 사바세계(娑婆世界)라고 하며, 이 사바세계를 감인계(堪忍界)라고 번역합니다.
　'견디고 참아야 하는 세계'라는 뜻입니다.
　이 사바세계에서는 울어봐도 별 수 없고, 웃어봐도 별 수 없고, 성을 내어봐도 별 수 없고, 파닥파닥 뛰어봐도 별 수가 없습니다. 괴로운 현실을 참고 견디고 받아들이며 살 수 밖에 없습니다. 그래서 이 사바세계를 감인계라고 하는 것입니다.

이 사바세계 속에는 육체적인 고통 뿐만 아니라 정신적인 고민·걱정거리가 가득합니다. 이 사바가 마치 불타는 집과 같다고 하여 달리 '화택(火宅)' 에 비유합니다.

만약 우리가 불 붙은 집에 앉아 있다면 얼마나 불안하겠습니까? 밖에서 내 집이 불타는 것을 보고 있어도 불안할텐데, 안에 있다면 그 불안함은 가히 상상도 할 수 없을 것입니다.

그런데 우리는 이 집이 불타고 있는 줄도 모르고, 크게 불안을 느끼지도 않고 있습니다. 아직은 불길이 다가오고 있다는 것을 깨닫지 못하고 있기 때문입니다.

그럼 어떻게 하여야 잘 살 수 있는가?

우리의 마음가짐과 실천을 바꾸어야 합니다. 실천의 변화! 이 실천의 변화에 대해 먼 것을 이야기할 것도 없습니다. 법회에서 법문 듣는 것부터 변화시켜야 합니다.

불자들은 같은 법문을 두 번 세 번 들으려고 하지 않습니다. 대부분이 한 번 법문을 들으면 '다 알았다'는 식의 반응을 보입니다.

"별거 없더구먼. 마음을 잘 쓰라고 하는 것, 나쁜 짓 말고 좋은 짓하라는 것, 약간 손해를 보더라도 남 도와주며 살라는 것. 그것 뿐이더구먼."

이렇게 말하고는 지나쳐버립니다. 실천할 생각을 하지 않습니다. 법문을 듣고난 다음에, '들은 법문을 잘 실천하여 조금이라도 달라지고 바뀌어야지' 하는 생각을 잘 하지 않습니다.

이 세상에서 행동 하나 고치고 바꾸기가 쉽습니까? 습관이 된 행동 하나 고치려면 몇 년이 걸리기도 합니다. 담배를 예로 들어 봅시다.

"담배가 해롭다. 폐암의 원인일 뿐 아니라 모든 병의 원인이 된다. 그러니 끊어야 한다."

요즘은 거의 매일같이 이 소리를 듣게 되어 있습니다. 그런데도 끊기가 힘이 듭니다. 으레이 밥을 먹고 나면 담배부터 뭅니다. 기분이 좋지 않거나 일이 잘

풀리지 않으면 훨씬 더 피웁니다. 참으로 끊기가 힘이 듭니다.

이처럼 익힌 버릇을 고치는 실천은 결코 쉽지가 않습니다.

불교의 가르침도 마찬가지입니다. 법문을 한 번 들었다고 하여 그 가르침이 실천으로 바로 이어지지 않습니다. '이미 알고 있다'가 아닙니다. 자꾸자꾸 그 법문을 듣고 되새겨, 나의 마음가짐과 실천을 바꾸어 가야 합니다.

'알았다'에 속으면 안됩니다. 불자들이 속고 있는 것이 바로 이것입니다. 한 번 법회에 참석하여 법문을 듣고 나면 '알았다'는 것으로 다 된 줄 알고 잊어버립니다.

그러나 법회 한 번 참석하고 법문내용을 '알았다'고 하여 '나'에게로 떨어지던 불행이 행복으로 바뀌게 되는가? 나쁘던 상황이 좋게 바뀌어지는가? 절대로 아닙니다. 몇십 년을 더 고생할지라도 다른 결과가 오지 않습니다. 왜일까요? 뒤따르는 실천이 없기 때문입니다.

모름지기 실천이 중요합니다. 내가 늘 부탁을 드리는 작은 실천 하나를 다시 이야기 하겠습니다.

"내 밥그릇의 밥을 남기지 말아라. 밥을 남기는 것이야말로 복을 트는 일이다. 아주 특별한 경우가 아니라면 밥알을 남긴 밥그릇을 내보내어서는 안된다."

이 부탁을 나는 참으로 자주 하지만, 버릇이든 사람은 아무런 생각없이 밥알을 계속 남깁니다.

밥알 하나하나에는 땀 흘려 농사를 지은 농부의 은혜만이 아니라 하늘의 은혜, 땅의 은혜가 다 맺혀 있습니다. 그러기에 밥알을 함부로 남기는 것은 그 소중한 은혜를 함부로 하는 것이 되며, 그 은혜를 함부로 하게 되면 복도 나를 떠나가고자 합니다.

속이 좋지 않거나 배가 너무 부른 경우 등의 정말 특별한 경우가 아니라면 먹던 밥을 함부로 하지 마십시오. 밥을 먹을 만큼만 덜어서 드십시오.

내 밥그릇에 먹던 밥을 남겨서 내보내는 것이 참

해롭습니다. 우리 집안의 복을 바싹바싹 부서버리고, 집안의 운을 송두리째 쓸어나가는 것이 내 밥그릇에 먹던 밥 한두 숟가락을 남겨서 내보내는 행동입니다.

밥 남기지 않는 것. 이것 하나라도 고쳐보십시오. 이것 하나만이라도 고쳐지면 복이 깃들기 시작합니다. 운이 들어오기 시작합니다.

또 한가지 더 이야기를 하겠습니다.

나는 절에 찾아오는 어머니들에게 부탁합니다.

"남편에게도 직접 기도를 하도록 권해라."

"아들에게도 딸에게도 기도를 시켜라."

그런데 우리나라 어머니들은 참으로 욕심이 많습니다. '남편과 아들딸에게 기도를 시켜라'고 하면 꼭 한마디를 합니다.

"스님, 제가 하면 안될까요?"

이렇게 가족 대신 밥을 세 그릇 네 그릇 다섯 그릇씩 먹고 사는 분이 우리나라 어머니들입니다.

가족을 위해, 가족을 대신하여 기도를 해주는 것도 좋지만, 더 좋은 것은 아들딸과 남편이 직접 기도를 하도록 이끌어가는 것입니다. 자기 기도 자기가 할 때 100%의 효과를 보고, 100%의 향상과 행복을 누릴 수 있게 되기 때문입니다.

작은 것 하나하나를 직접 실천하면서 가족 및 이웃의 행복과 사회 및 국가의 행복을 가꾸어나가는 것이 진정한 불자의 길이 아니겠습니까?

내 잘못이
아들딸 불행의 싹이 되어서야

　우리가 어른들에게 들은 이야기, 학교에서 배운 것들이 마침내 귀결되는 자리는 행복한 삶입니다. 우리의 마음과 행동을 잘 다스려 행복하게 살 수 있도록 하라는 것입니다.
　이것만 잘 간직하면 실천이 어렵지 않은데, 곧잘 잊어버립니다. 그래서 갖가지 불행을 맞이하게 됩니다.
　한 예를 들겠습니다. 부부 사이에 모유(母乳)를 먹는 아기가 있거나 세 살 안쪽의 아기가 있을 때 부부싸움을 하게 되면 꼭 그 아기가 아프게 됩니다. 보통 사람들은 이러한 현상을 모르고 무심히 넘기지만, 어린 아기를 두고 내외간이 싸우게 되면 그 아기가 틀림없는 병을 앓습니다. 이것 하나라도 제대로 체험해 보십시오.

"아! 부부 싸움을 하면 자식에게 해가 가는구나."

이 사실이 부모의 머리에 분명히 각인이 되면 부부 싸움을 함부로 하지 못합니다. 그런데 어떻습니까? 대부분의 부부가 자기중심적으로 싸움을 합리화하기에 바빠, 이 사실을 무심히 흘려보내 버립니다.

'나'와 배우자의 싸움 속에서 자식이 괴로움을 겪게 되는 것을 나의 눈으로 분명히 보면서도, 나의 이기심과 자존심을 내세워 집안에 먹구름을 만들고 집안을 파괴하면서 사는 것이 우리들입니다.

과연 이 모든 사건의 뿌리가 무엇이겠습니까? 바로 나의 이기적인 '마음가짐'입니다. 그러므로 모든 불행이나 악조건을 좋은 쪽으로 행복한 쪽으로 돌리려면 내 마음가짐을 고쳐야 합니다. 내 마음가짐을 바르게 가지고 밝게 가질 때 아들딸도 가정도 밝아지고 행복해집니다.

적어도 "내 잘못이 내 자식이나 가족들에게 불행의 싹이 되어서는 안된다."는 마음은 간직하고 살아야 합니다. 이와 관련하여 내가 자주 들려드리는 한편의 이야기를 또 하고자 합니다.

❀

일제시대에 있었던 일입니다. 지금의 경상북도 김천시 구성면 옴팽이 마을에서 농사를 짓고 살았던 김재선(金在善)은 편모슬하에서 자란 5남매의 장남으로 효심이 매우 깊었습니다. 그런데 어머니가 1904년에 갑자기 돌아가셔서 비통한 마음으로 장례를 치렀습니다.

그로부터 얼마 뒤, 집에서 기르고 있던 암캐가 새끼를 배어 강아지 네 마리를 낳았는데, 유독 한 마리가 아주 잘생겨서 집안 사람들이 애지중지하였고, 강아지도 매우 잘 따랐습니다.

어느 날 이웃에 사는 친구가 놀러 왔다가 그 강아지를 보고는 혼자 중얼거렸습니다.

"그 놈 복실복실한 게 참 잘 생기고 영리해 보이는

구나. 귀를 째어 곧게 세워서 팔면 돈을 많이 받겠는데…."

그 말을 들은 김재선은 귀가 솔깃하여 강아지의 귀를 세워 줄 것을 친구에게 부탁했습니다. 그러자 강아지는 갑자기 '깽! 깽!' 소리를 지르며 멀리 도망쳐 버렸고, 애써 찾으려 하였지만 잡을 수가 없었습니다.

그런데 그날 밤 김재선의 꿈에 돌아가신 어머니가 나타나 크게 꾸짖는 것이었습니다.

"네 이놈! 그렇게도 깜깜절벽이냐? 네가 귀를 째려고 했던 그 강아지가 바로 나다. 네 어머니…. 내가 살아 생전에 두 가지 미련이 남아 너희 집 강아지로 태어났으니, 생전에 못 이룬 소원을 네가 꼭 이뤄주기 바란다."

"어머니, 그 소원이 무엇입니까?"

"첫 번째는 새로 생긴 경부선 철도를 타보지 못한 것이 한으로 남아 있구나. 네가 나를 데리고 가서 기차를 한번 태워줄 수 없겠느냐?

두 번째 소원은 이웃이나 아래 윗동네 할머니들 중

에 해인사를 구경 하지 않은 이가 없는데, 오직 이 엄마만은 살림하고 너희를 키우느라 해인사를 가보지 못하였구나. 네가 이 엄마를 데리고 합천 해인사로 가서 팔만대장경을 친견할 수 있도록 해주면 한이 없겠구나."

비록 꿈속의 부탁이었지만 김재선은 마음이 아팠고, 어머니의 간곡한 부탁을 들어드리지 않을 수가 없었습니다. 그 이튿날 김재선은 강아지를 안고 김천역으로 나갔습니다. 영동으로 가는 기차표를 산 뒤 기차를 타기 위해 기다리고 있을 때, 철도역 직원이 말했습니다.

"열차에는 개를 태울 수 없습니다."

"사정이 있어 이 개와 꼭 함께 가야 합니다."

이렇게 옥신각신하는 사이에 기차가 와서 정차하였고, 강아지는 쏜살같이 기차 안으로 뛰어들어가 의자에도 앉아보고 사방을 두루 살펴본 다음, 기차가 떠나려 하자 깡충 뛰어내려왔습니다. 김재선은 승무원 때문에 하는 수 없이 강아지를 데리고 집으로 돌아왔는데, 강아지는 오히려 아주 좋아하는 모습이었습니다.

　며칠 뒤, 김재선은 강아지와 함께 합천 해인사로 갔습니다. 해인사 경내에 들어서자 강아지는 여기저기를 둘러보면서 깡충깡충 뛰며 기뻐하였고, 큰 법당 작은 법당을 두루 데리고 다니자 문밖에서 넓적 엎드리며 참배를 하는 것이었습니다.

　이윽고 팔만대장경판을 모신 장경각에 이르렀는데, 스님이 개가 들어가는 것을 저지했습니다. 강아지는 장경각 안에 있던 사람이 나오기 위해 문을 조금 여는 순간에 재빨리 장경각 안으로 들어가서, 요리조리 날쌔게 빠져다니며 대장경판을 모두 구경하는 것이었습니다.

　그렇게 대장경판을 구경한 강아지는 그날 밤에 죽었고, 어머니는 다시 현몽했습니다.

　"내 아들 제선아, 정말 고맙구나. 덕분에 소원을 모두 이룬 엄마는 이제 천상락(天上樂)을 받게 되었다."

　이렇게 기쁜 소식을 전한 어머니는 꼭 당부할 것이 있다며 말을 이었습니다.

　"제선아, 나는 너희 5남매를 키울 때 오로지 '내 잘못이 자식들에게 불행이 되어서는 안된다'는 마음 하나로 살았다. 특별히 좋은 일을 하겠다고 결심하며 산 것은 아니다. '내 잘못이 내 자식들 불행의 싹이 되어서는 안된다'는 마음으로 살다보니 자연히 조심을 하게 되었고, 다른 사람에게 악한 짓이나 모진 짓을 할 수가 없었다. 재선아, 부디 이 말만은 너도 명심하고 살아라. 이제 이 엄마는 좋은 나라로 간다."

ꕤ

 이 이야기는 윤회를 증명하는 예로도 널리 채택되고 있습니다. 그런데 내가 말하고자 하는 것은 김재선 어머니의 마음가짐과 원입니다.

 김재선의 어머니는 학교의 문턱도 밟아보지 못한 분이지만, "내 잘못이 자식들에게 불행의 싹이 되면 안된다."는 마음을 한평생 간직하며 살았습니다. 이러한 원이 있었기에 늘 바르고 밝게 살았으며, 자식을 잘 키울 수 있었던 것입니다.

 "내 잘못이나 내 실수가 내 아들딸에게 불행의 싹이 되어서는 안된다."

 그럼 지금 부모의 자리에 있는 '나'의 원은 어떻습

니까? '나'는 나의 가족에 대해 어떤 원을 간직한 채 살아가고 있습니까?

한 생의 편안함과 생존수단으로 결혼을 하여 부부가 되어 살고, '나'의 뜻에 맞추어 자식을 키우며 사는 것은 내 욕심을 채우기 위해 사는 것이나 다를 바가 없습니다.

법당의 부처님 앞에서는 열심히 기도 하면서, 집에서는 남편·아내·아들딸들이 내 욕심처럼 되지 않는다며 화를 내고 토라지고 꾸짖으며 산다면 '나'는 물론이요 나의 가정이 과연 어떻게 되겠습니까?

이제라도 늦지 않았습니다. 부디 가족에 대한 나 중심적인 마음가짐을 털어버리고, 가족에 대한 새로운 원을 세우십시오. 그리하여 그 원을 자꾸자꾸 되새기며 살아가십시오.

또한 내 마음 속에서 꿈틀거리는 생각이 우리 집안을 불안하게 만들지는 않는지? 나의 입에서 내뱉는 말이 우리 집안에 먹구름을 가득 채우지는 않는지? 나의 행동이 우리 집안에 불행을 가져오지는 않는지를 늘 돌아보며 살아야 합니다.

간곡히 청하오니, 나의 원을 비롯하여 생각과 말과 행위에 그릇됨이 있다면, 지금부터라도 좋은 쪽으로 밝은 쪽으로 바꾸어 보십시오.

그리고는 자꾸자꾸 점검하고 돌아보며 사십시오.

불자님들이여, 비록 이것이 큰 원이나 보살행이 아니라 할지라도, 참으로 인생을 복되고 보람되게 만드는 뿌리임에는 틀림이 없으니, 진실로 우리의 가정을 위하는 이 조그마한 일을 꼭 실천해 보시기를 축원드립니다.

나무시방삼세일체제불.

VII
작은 실천
큰 행복

'나'가 떨어질 때까지
가족에게 삼배를

나는 불자들에게 늘 부탁을 드려왔습니다.

"법당에 와서는 무릎을 안 꿇을지라도, 아침저녁으로 내 자리에서 내 가족에게 삼배씩은 꼭 해라. 그렇게 하면 지나간 날의 원결이 다 풀어지고 모든 일이 이루어진다."

그런데 근래에 와서는 말을 조금 바꾸었습니다.

"부처님 가르침의 핵심은 '나'가 떨어져 나가는 데 있다. 나를 항복 받는 것이 그 첫걸음이다. 나를 항복 받기 위해서는 가장 은혜롭고 고마운 나의 가족에게 삼배씩을 할 수 있어야 한다. '나'가 붙어 있으면 내 아내·남편·아들딸에게 무릎이 굽혀지지 않지만, '나'가 떨어지면 내 가족 앞에 스스럼없이 무릎이 굽혀진다. 무릎이 잘 굽혀지는 만큼 '나'가 더 떨어졌다는 증거이다."

불교의 목표는 무아(無我)의 체득입니다. 무아의 경지를 이루기 위해 수행을 하는 것입니다. 바꾸어 말해, 불교를 믿고 수행하는 까닭은 '나'라는 아상(我相)을 떼어내는 데 있습니다. 그럼 나를 비우는 가장 빠른 길은 무엇인가? 바로 내가 가장 애착을 가지고 있으면서도, 가장 만만하게 생각하는 나의 가족에게 절을 하는 것입니다.

인간은 모든 것을 자기본위로 생각합니다. 나를 중심에 두고 살아갑니다. 나를 중심에 두고 내 아내·내 남편·내 아들과 내 딸이라고 하는 것입니다. 그래서 남 앞이나 부처님, 자연물 앞에서는 무릎을 꿇고 머리를 쉽게도 조아리지만, 나와 밀접하게 관련이 있는 가족에게는 무릎이 잘 굽혀지지 않는 것입니다.

그런데 가족을 향한 오체투지(五體投地)가 쉽게 된다면 무엇을 뜻하는 것이겠습니까? '내가 그만큼 떨어졌다'는 것입니다. 동시에 '내가 그만큼 향상되었다'는 것이며, 지난날의 잘못 얽혀진 인연도 바르게 회복되고 있다는 징조입니다.

실로 나를 풀고 남을 풀고 지나간 시간에 맺었던 원결을 풀고 현재의 좋은 삶을 이루어내는데 있어 가족을 향해 아침저녁으로 삼배를 하는 것보다 더 좋은 방법은 없습니다. 왜? 이것이 나를 비우는 가장 지극한 예불이요, 가장 빠른 수행방법이기 때문입니다.

주위 사람, 가족들은 모두 살아 있는 부처님입니다. 그들이 참부처임을 안다면 법당에서 수천 배씩 절했다고 자랑하기보다는, 가장 은혜 깊고 고마운 내 가족에게 무릎을 꿇어 절을 할 수 있어야 합니다. 가족끼리 서로 절하는 이것이 서로의 존경을 주고받는 상호존경이며, 이것이 수행의 시작입니다.

내 가족 앞에 스스럼없이 무릎을 꿇을 수 있으면 바로 '나'가 떨어져 나가고, '나'가 떨어져 나간 그것이 나를 항복받은 상태입니다. '나'가 떨어져 나가면 나의 욕심과 고집이 사라져 지혜가 샘솟고, 인연이 깊은 남편·아내·아들·딸을 향해 절을 하게 되면 지나간 시간의 원결이 풀어져 가족이 화목해집니다. 이렇게 되면 안팎으로 무슨 걱정이 있겠습니까?

 방에 혼자 있을 때, 또 보이지 않는 곳에서 가족 한 사람 한 사람에게 3배씩 하는 것! 이것이 어려워 하지 못할 사람은 아무도 없을 것입니다. 부디 가족을 향해 절을 하면서 참회하고 축원하십시오.

 "미안합니다. 복이 없는 나 때문에 당신을 고생시키고 괴로움을 끼쳐서 죄송합니다. 용서하십시오. 언제까지나 건강하시고, 하시는 일 모두 순탄하십시오."

 이렇게 축원까지 하다 보면 각종 재앙이 저절로 사라져 가정이 정말 화목해집니다. 그리고 바라지도 않았던 '운·재수' 등이 자연히 모여들게도 됩니다.

 우리 절에 다니는 부산 괴정동의 어느 보살님이 체

험한 이야기입니다.

보살의 시어머니는 일흔 살이 조금 넘어 치매에 걸려, 대소변을 가리지 못하고 횡설수설하며 온 집안을 엉망으로 뒤집어 놓았습니다. 보살은 도저히 감당을 할 수가 없어, 남편과 의논을 한 끝에 시어머니를 병원에 입원시키고 간병인을 붙여 시중을 들게 하기로 결정을 했습니다.

그런데 어떻게 연결이 되었는지 나에게 오는 다른 신도들이 그 사실을 알고 충고를 했습니다.

"그 사람이 누구냐? 바로 네 어머니 아니냐? 네 어머니를 네가 시중들지 않고 누구에게 맡긴다는 소리냐? 힘이 들어도 네가 해야지, 어떻게 남의 손에 맡길 수 있느냐?

네가 지금 그 일을 회피하면 이것이 원인이 되어 과보를 받게 된다. 네가 나중에 나이 들어 아파 누울 때, 너의 아들·딸이 네 곁을 떠나버리는 결과가 네 발등에 떨어진다는 것을 왜 생각을 하지 못 하느냐?

우리 스님께서 가족들에게 절을 하라고 시키지 않았더냐? 그러니 시어머니 방 쪽을 쳐다보면서 아침에도 삼배하고 낮에도 삼배하고 저녁으로도 삼배를 드려라. '당신께 잘못한 것, 모두 참회 드립니다. 용서 하십시오' 하면서 절을 해야 된다. 아이들에게도 시키고, 남편도 하루 세 번 어머니께 삼배를 드리면서 참회하도록 당부해라."

이 말을 듣고 며느리는 병원에 입원시키는 것을 포기하고 집에서 대소변 수발을 하면서, 하루 세 차례 시어머니를 향해 삼배를 드리며 정성을 다해 모셨습니다.

그러기를 만 석 달이 지난 어느 날 한낮쯤 되었을 때, 시어머니 방의 청소를 하고 뒤치닥거리도 하기 위해 방문을 열고 시어머니 방으로 막 들어가고자 하였습니다. 바로 그 순간, 방에서 이미 돌아가신 시할머니가 나오시는 것이었습니다. 그것도 꿈이 아닌 생시에 방문 앞에서 서로 딱 마주보게 되었으므로, 그 보살은 자기도 모르게 할머니를 불렀습니다.

"아, 할매!"

"오냐, 나 이제 간다."

그 말만 남기고 시할머니는 문을 열고 밖으로 싹

나가버렸습니다. 그런데 그 시간 이후, 치매에 걸려 횡설수설하고 대소변을 가리지 못하던 시어머니의 치매 증세가 다 없어져 정상으로 되돌아왔습니다.

ஃ

기껏해야 하루에 세 차례 삼배씩의 절을 1백여 일 계속하여 이러한 영험을 드러낸 것입니다. 그런데 이 영험담 속에는 눈에 보이지 않는 큰 가르침 몇 가지가 숨겨져 있습니다. 단순한 삼배가 치매라는 중병을 낫게 한 것이 아니라는 것입니다. 그럼 어떠한 원리가 숨겨져 있는가?

첫째는 절을 한 며느리가 시어머니의 치매에 대한 자세를 바꾸었다는 것입니다. 시어머니의 치매를 돌보는 것이 힘들어 병원에 입원시키고자 했던 며느리가 인과의 도리를 깨닫고, '기꺼이 모시겠다'는 자세로 마음을 돌린 것입니다. 이것이 중요합니다.

우리는 어려움에 부딪히면 그 어려움을 면할 방법부터 생각합니다. 나의 편안함, 나의 소중함에 빠져드는 것입니다. 그런데 이러한 마음가짐을 갖고 있는 이상은 결코 편해질 수가 없습니다. 피한다고 편해질 수가 없는 것입니다. '나'가 강하면 강할수록 나는 오히려 더욱 힘들고 고달파지게 됩니다.

그러므로 문제를 풀고 업을 녹이고자 한다면, 나를 죽이고 기꺼이 받고자 해야 합니다. 나를 항복받아야 합니다. 이것을 며느리가 실천한 것입니다.

둘째는 시어머니를 밤낮으로 수발하면서, 원망이나 신세한탄보다는 참회와 축원을 드렸습니다. 하루 세 차례씩 삼배를 올리며 정성껏 참회하고 축원한 것입니다. 그러는 동안 그녀의 아상(我相)은 떨어져 나가기 시작하였고, 그 잘났던 '나'가 무너졌던 것입니다.

그 결과 기적이 일어났습니다. 시할머니가 천도되고 시어머니의 치매가 완치되어, 평온하고 웃음이 넘치는 가정을 회복하게 된 것입니다.

이것이 무엇입니까? 기적입니다. 대영험입니다. 이러한 기적과 영험은 우리가 '나'를 잊고 정진할 때 찾아드는 것입니다. '나'가 무너뜨려질 때 저절로 생겨나는 것입니다. 아상을 버리고 정성을 다하면 크나큰 힘이 생겨나기 마련입니다. 이것을 명심해야 합니다.

꾸준히 '나'를 비우면 기적이

가족에게 삼배를 올릴 때도 그렇고, 참선·염불 등의 수행을 할 때도 마찬가지입니다. 나를 비우고 무아(無我)를 성취해 나가야 합니다. 꾸준히 절·염불·참선 등을 하면서 나를 비워가고 공부의 힘을 키워가면 기적과 대영험은 저절로 찾아듭니다.

하루 두세 차례, 가족을 향해 삼배를 하는 것이나, 하루 30분 정도의 염불이나 참선이 별 것 아닌 것 같아도, 꾸준히 할 때 그 결과는 엄청납니다. 오래 전부터 여러 불자들에게 '다만 꾸준히 할 것'을 권해보지만, 한결같이 하는 이는 참으로 드뭅니다. 아무리 부탁을 해도 하지 않고, 답답한 일이 생기면 조금 시작하다가 그쳐버리는 사람은 매우 많습니다.

부디 무엇 하나든 꾸준히 해 보십시오. 얄팍한 꾀를 부리지 말고, 지극한 정성으로 계속하면 큰 힘이 생겨남은 물론이요 이루지 못할 일이 없게 됩니다.

내가 1960년대에 김천 청암사에 있을 때, 김천 시내에 안경과 시계를 파는 경안당이 있었습니다. 경안당의 주인은 오선생으로, 이 오선생님을 중심으로 하여 거사 몇 분, 보살 몇 분이 모여 조용히 앉아 대화도 없이 참선을 한다는 소문이 있었습니다. 그들이 꾸준히 수행을 하자, 어떤 스님네는 '경안당 오거사가 사도에 빠졌다, 옆길로 빠졌다' 라는 말까지 하였습니다. 그러나 개의치 않고 여전히 함께 모여 참선을 했습니다.

당시 김천 시내에는 초등학교 상급학년인 여학생이 벌레가 척추를 갉아먹는 가리에스라는 불치병에 걸려 고생을 하고 있었습니다. 병세가 심하다보니 당자나 부모 모두 그리 오래 살지 못할 것이라 생각하고 있었다고 합니다. 딸아이를 지켜보던 어머니가 너무나 안타깝고도 답답하여 어느 날 오선생과 함께 대여섯 분을 청했습니다.

"오늘 밤에 아픈 아이가 있는 우리 집에 와서 좀 앉아 주시면 안 될는지요?"

그 요청에 따라 오선생 일행은 허리가 아픈 여학생의 옆방에서 밤새도록 앉아 선정에 잠겼습니다. 소녀가 누워 있는 방으로는 들어가지조차 않았습니다. 그런데 이튿날 아침에 소녀가 어머니에게 말했습니다.

"어젯밤에 오선생님이 밤새도록 내 곁에서 내 몸을 쓰다듬어 주셨어. 그래서인지 지금은 기분이 매우 좋고, 허리가 아프지 않은 것 같아."

그날 이후 소녀의 몸은 조금씩 나아져서, 마침내는 자리에서 일어나고 완쾌되어 결혼도 하고 딸 둘을 낳았습니다. 그녀는 지금도 김천에 살고 있습니다.

약 30년 전, 부산에 일흔을 넘기신 할머니 한 분이 있었습니다. 그 연배의 사람들 중에는 어린 시절에 글을 배우지 못한 분들이 많았는데, 그 할머니도 글을 읽기조차 못했습니다.

할머니는 오십 줄에 접어들면서 부터 어디서 누구에게 권유를 받았는지 '관세음보살' 을 열심히 불렀습니다. 몇 년을 '관세음보살' 만 열심히 불렀는데, 어느 날부터 주위에 아픈 사람이 있으면 그냥 지나치지 않았습니다.

"참 안 됐구나. 얼마나 아프겠느냐?"

그리고는 관세음보살을 부르며 아픈 몸을 한 5분 안팎으로 쓰다듬어 주시는데, 신통하게도 통증이 사라진다는 것이었습니다. 배 아프고 머리 아프고 속이 답답한 병에만 영험이 있는 것이 아니었습니다.

그 당시 교통수단이 별로 없어, 어른과 아이 모두 자전거를 많이 이용하였는데, 자전거를 타고 가다가 도랑에라도 굴러 떨어져 다리가 골절이 되고 피를 흘리던 아이도 할머니가 잠시 만져주면 거뜬히 일어나 돌아가는 것이었습니다. 누구든지 그 할머니가 부르는 '관세음보살' 소리와 자비로운 손길을 경험하면 쾌차하였습니다.

8

 김천의 오선생이나 부산의 할머니처럼 믿어지지 않는 일을 행하는 분들을 우리는 가끔씩 보게 됩니다. 이럴 때 우리는 '기적'이라 하고, '신통력'이라 합니다. 하지만 이것은 기적이 아닙니다. 꾸준히 공부한 힘이 만들어낸 현실입니다. 바꾸어 말하면 꾸준히 공부를 함으로써 기적 같은 일을 현실로 만들 수 있다는 것입니다.

 우리들 각자는 이 세상에 올 때 대우주 전체의 기운을 가지고 태어났습니다. '나'와 대우주는 본래 하나이므로 대우주의 기운을 가지고 있는 것입니다.

 그러나 번뇌망상과 미혹으로 그 기운을 쓰지 않고 살기 때문에 없는 것처럼 느낍니다. 그러다가 참선 · 염불 · 주력 · 참회 등의 실천을 꾸준히 하게 되면 다시 그 힘을 되찾기 시작합니다. 그리고 되찾는 만큼의 능력을 발휘하는 것입니다.

 이 힘은 다른 데서 오는 것이 아닙니다. 내가 본래 가지고 있던 것, 그동안 깜빡 잊고 있었던 것을 되찾은 것입니다. 바깥에서 무엇을 얻어오거나 남의 힘을 빌려 쓰는 것이 아니라는 것을 알아야 합니다. 옛 어른들이 신통을 부렸다거나 기적이 일어났다고 하셨는데, 어디까지나 이것은 공부의 힘일 뿐입니다.

그런데 참으로 이상한 점이 있습니다. 40, 50년 전까지만 하여도 그런 기적 같은 일을 나투는 보살님네나 거사님, 스님네도 많이 있었습니다. 그런데 근래에는 앉아서 정진하는 참선단체도 많고, 절에 다닌다는 신도도 상당히 많아졌으며, 천수다라니를 하느니, 화두를 하느니 하는 사람들이 더 많아졌는데도 그런 힘을 나타내는 사람은 찾아볼 수 없다는 점입니다.

왜 이렇게 변한 것일까요? '나'가 비워질 때까지 진득하게 하지 않기 때문입니다. 끝을 볼 때까지 하지 않기 때문입니다. 눈앞의 문제만 해결되면 적당한 수준에서 그만두고, 더 좋은 방법이 있다고 하면 솔깃하여 그 쪽으로 가버리기 때문입니다.

이제 한 편의 옛이야기를 이와 관련시켜 음미해 보고자 합니다.

조선시대 대표적인 유학자 가운데 한 분인 미수(眉叟) 허목(許穆, 1595~1682)선생은 조선시대 역사상 과거시험을 거치지 않고 삼공(三公 : 영의정 · 좌의정 · 우의정)에까지 오른 매우 뛰어난 분입니다.

이 미수선생의 증조할아버지인 허자(許磁)는 높은 벼슬을 지낸 분이었으나 당쟁에 연루되어 홍원 땅으로 귀양을 갔다가 죽었고, 할아버지 허강은 뛰어난 글재주가 있으면서도 초야에 묻혀 기인들과 교류하며 살았습니다. 또한 미수선생의 아버지인 허교(許喬)에게도 많은 글을 가르치지 않았습니다. 그렇게 가세가 기운 것이었습니다.

그리고 미수선생의 어머니는 조선 중기의 풍류시인 백호(白湖) 임제(林悌, 1549~1587)의 딸입니다. 그런데 백호 임선생의 직계 자손들은 그 집안에서 부리던 사람의 깊은 원한 때문에 대(代)가 끊어졌고, 다만 딸인 미수선생의 어머니는 두 명의 아들을 낳을 수 있었습니다.

그러나 원한에 사무친 귀신들은 외손 계통으로 뻗어나가는 백호선생의 대도 끊기 위해 미수선생의 어머니가 낳은 두 아들도 하나같이 돌을 넘기기 전에 죽게 만들었습니다. 멀쩡한 자식을 둘이나 낳았으나 모두 죽어 허씨 집안의 대를 잇지 못하게 되자 내외간의 상심은 이루 말할 수 없었습니다. 그들 부부는 좌절하지 않고 마음을 모았습니다.

"우리 매일 기도를 하여봅시다. 기도를 하여 자식을 다시 얻도록 하십시다."

낮에는 시부모님 모시랴 집안살림 하랴 틈이 없었으므로, 밤이 되어 뒷산으로 5리 정도 걸어 올라갔습니다. 그들 내외는 연고가 없는 수백 년 묵은 묘를 말끔히 손질하고, 그 앞에서 기도를 하였습니다. 그렇게 매일 기도하기를 백 일, 꿈에 갑옷을 입은 대장군이 나타나 말했습니다.

"내가 이 자리에 누운 지가 어언 5백 년, 아무도 나를 보살펴주는 이가 없었다. 그런데 너희 내외간이 지성으로 기도하니 너희의 원을 들어주고자 하노라."

이어서 미수선생의 어머니를 가리키며 말했습니다.

"너희 친정의 윗대에 원통하게 죽은 시종들의 원혼이 너의 친정집안 대를 끊어버렸다. 그리고 너를 기점으로 하여 외손들이 뻗어나가는 것까지 원혼들이 막고 있기 때문에 너희에게도 자식이 있을 수가 없다. 그러나 그렇게 기도하며 간절히 원을 하니 내가 그 원혼들을 달래어 자식을 하나 주리라. 하지만 이 아이는 농사나 지을 그릇일 뿐이니, 글을 가르칠 생각은 아예 하지 말아라."

마침내 기도의 반응이 나타난 것입니다. 그들 부부는 이에 만족하지 않고 다시 마음을 모았습니다.

"우리, 기도를 백 일 동안 더 합시다. 우리 가문에 농사만 짓고 살아야 할 자식이라면 낳으나 마나 하니까, 조금 더 눈이 밝은 아들을 가질 수 있도록 기도합시다."

부부는 장군의 묘 앞에서 다시 백일기도를 올렸습니다. 그러자 장군이 다시 꿈에 나타났습니다.

"정성이 갸륵하구나. 그렇다면 향교에 출입할 수

있는 자식을 주겠다."

옛날에는 군 단위로 향교가 하나씩 있었습니다. 그 향교에 출입할 수 있는 사람이라면 '고을 안의 선비'를 뜻하는 것입니다. 그들 부부는 더욱 크게 원을 일으켰습니다.

"지금부터 천일기도를 다시 시작합시다. 몰락한 집안을 빛내고 온 나라를 빛낼 수 있는 자식을 하나 달라고 …."

내외간은 하루도 거르지 않고 열심히 기도를 했습니다. 마침내 천일기도를 마친 날 밤, 대장군은 다시 나타나 말했습니다.

"너희들의 지성이 옥황상제님께 닿아 소원과 같은 자식을 주는 것을 허락하셨다. 그러나 너의 친정 윗대의 원결 맺힌 사람들 때문에 자식의 모습이 굉장히 이상할 것이다. 그것만은 하는 수가 없다. 나라 안에 이름을 드날리고 끊어져 가는 집안을 다시 일으키는 뛰어난 인물이기는 하되, 윗대에 얽힌 원한 때문에 아이의 모습이 괴상한 것은 어쩔 도리가 없구나."

이렇게 하여 태어난 분이 미수 허목선생입니다.

지금 내가 이 이야기를 하는 것은 원결을 풀라는 것이 아닙니다. 옥황상제나 부처님의 도움으로 더 커지라는 것도 아닙니다. 내가 하고 있는 기도나 공부를 조금 더 하라는 것입니다.

　가족에 대한 아침저녁으로의 3배와 기도·염불·참선 등을 '적당한 선에서 그만두지 말고 더욱 더 하라'는 것입니다. 미수 허목선생의 부모처럼 처음의 백일기도를 이백일기도로 바꾸고, 다시 천일기도로 바꾸라는 것입니다.

　이렇게 하면 영험이 생겨나지 않을 까닭이 없고, 기적 같은 성취가 눈앞에 전개되며, 신통이 저절로 펼쳐집니다.

　더 하고자 하십시오. '나'는 별 존재가 아닙니다. 교만하고 의심 많고 어리석고 욕심 많은 나일 뿐입니다. 이 '나'를 인정하면 공부가 되지 않습니다. 이 '나'와 타협하면 어떠한 신통도 기적도 나타나지 않습니다. 무아(無我)! 곧 무아를 체득하는 것입니다.

　이 '나'를 철저히 무시하십시오. 무시하고 타협하

지 마십시오. 그리하여 마침내 '나'를 없애버리고자 해야 합니다. 완전히 비우고자 해야 합니다.

  이렇게만 하면 저절로 모든 것은 뜻과 같이 이루어집니다. 가족이 화목하고 공부가 성취되며, 남들에게 한없이 이익을 주고 도움을 줄 수 있는 사람이 됩니다. 그리고 모든 행복이 저절로 찾아들어 넘치게 됩니다.

철마다 선산 찾아

 이제 불자님들께 또 한 가지를 당부드리고자 합니다. 그것은 부모나 가까운 윗대 조상의 산소를 자주 찾아보라는 것입니다. 이에 대해 나를 찾아오는 분들께는 자주 당부드립니다.
 "꼭 부처님만을 고집하지 말고, 일 년에 몇 차례씩은 부모님 산소, 조부모님 산소를 찾아뵈어라. 음식 많이 장만할 것 없다. 한 잔씩만 올려도 된다. 자주 찾아뵙는 그 자체가 정성이니, 철이 바뀔 때마다 한 번씩 가서 한 잔씩 올리고 절하고 둘러보아라. 그렇게 하면 할아버지·할머니도 돌보아 주시고, 아버지·어머니도 돌보아 주신다."

서울 고속터미널 부근에 정진철이라는 경찰공무원이 살고 계십니다. 이 분은 경찰 말단직인 순경에서 시작하여 총경까지 지낸 분으로, 지금은 일흔 댓쯤 되었습니다.

경찰공무원 생활을 40년 가까이 한 그가 퇴직을 앞두고, '한 계급 승진하여 서장을 한번 해보고 옷을 벗느냐, 그냥 옷을 벗느냐'는 갈림길에 섰을 때의 일입니다. 인사 이동의 날이 다가오자 불안하기 그지없었던 그는 퇴근길에 아내에게 연락을 했습니다.

"오늘 선산에 다녀오려고 하니, 간단하게 준비를 좀 해 놓으세요."

그는 일 년에 서너 차례씩 선산의 묘소를 찾아 잔을 올리면서 절을 두어 번 한 다음, 산소를 둘러보고 오곤 했었습니다. 그날은 특히 심정이 착잡하던 터라, 퇴근길에 익산에 있는 선산을 찾아가 할아버지 아버지 산소에 잔을 올리고, 정성껏 절을 올리며 착잡한 심정을 되뇌인 다음 돌아왔습니다. 그런데 그날 밤에 화분 한 개를 선물 받는 꿈을 꾸었습니다. 그 화분에는 빨간 꽃 다섯 송이가 피어 있었고, 그 꽃들이 꼭 돼지같이 생겼더랍니다.

다음날 그 분은 무궁화 두개로 진급하여 무안 경찰서장으로 발령이 났습니다. 꽃 두 송이가 된 것입니다. 그리고 이어서 세 아들도 직장에서 인정을 받아 승진하게 되었습니다. 결국 꽃 다섯 송이가 딱 들어맞은 것입니다.

이분은 무안 경찰서장을 연임하여 4년을 지내면서 늘 '할아버지, 아버지의 도움' 이라 생각하며 철이 바뀔 때마다 산소를 찾아 잔을 올렸습니다. 그런데 참으로 신기한 것은 그가 서장으로 있는 동안 무안과 광주 사이의 빈번했던 교통사고가 급격히 줄어들고, 그렇게 심하던 목포대학의 데모도 온데 간데 없어졌으며, 그 많던 사건 사고가 확 줄었다는 것입니다.

∞

이 정처사님은 부처님께 매달려 정진을 한 불자는 아니었습니다. 그러나 평소에 늘 '나를 있게 하신 분이 조상님이니, 일상이 바쁘더라도 철이 바뀔 때마다 꼭 찾아가야겠다' 라는 생각을 가지고 정성껏 산소를 찾았던 것입니다.

그분은 딱히 승진이나 복을 기대하며 산소를 찾아 정성을 보인 것이 아니었습니다. 그러나 나타난 결과는 의외로 대단한 것이었습니다. 이것이 무엇을 깨우쳐줍니까? 우리들의 정성이 대우주를 움직인다는 것입니다. 그 정성이 '나'와 우리의 가정을 행복하게 만든다는 것입니다.

아마도 '직장생활이 바쁘다, 아이들 교육이 힘들다' 고 하면서 낳아준 부모님 산소를 언제 찾았는지조차 가물거린 분들이 여럿 있을 것입니다. 이제부터는 마음을 내어 철마다 자주 찾아뵙기를 부탁드립니다.

부디 바라옵건데, 스스로의 무아를 체득하면서 가족을 향해 올리는 3배만은 꼭 실천해보십시오. 아침 저녁으로 올리는 3배의 절과 참회와 축원만으로도 대행복의 문이 활짝 열립니다. 왜? 우리 모두가 무아로 나아가기 때문에!

가족을 향해 무아의 삼배를 올리고, 하던 공부를

계속, 그리고 더욱 더 열심히 하는 불자가 되고자 하십시오. 그리고 아버지, 할아버지 산소를 1년에 서너 차례 찾아가십시오. 이것만 꾸준히 잘 실천하여도 결과는 자연성(自然成)이니 ….

  나무상방대광명불(南無常放大光明佛).

기도 및 영가천도의 지침서

광명진언 기도법 / 일타스님·김현준   신국판 176쪽 6,000원
광명진언 속에 새겨진 참의미와 바른 기도법, 빠른 기도성취법 등을 자상하게 설하고, 유형별 기도성취 영험담을 다양하게 수록하였습니다. 광명진언을 외우면 행복과 평화, 영가천도, 소원성취를 이룰 수 있습니다.

생활 속의 기도법 / 일타스님   신국판 160쪽 5,500원
불교계 최대의 베스트셀러! 일상생활에서 누구나 처할 수 있는 여러 가지 상황에 따른 구체적인 기도방법에서부터 특별기도성취법·영가천도기도법·기도할 때 지녀야 할 마음가짐까지, 자상한 문체로 예화를 섞어 쉽고 재미있게 엮었습니다.

기도 / 일타스님   신국판 240쪽 8,000원
총 6장 52편의 다양한 기도 영험담으로 엮어진 이 책을 읽다보면 기도를 통해 틀림없이 부처님의 가피를 입을 수 있음을 확신할 수 있게 되고, 올바른 기도법과 함께 기도성취의 지름길을 알 수 있게 됩니다.

관음신앙·관음기도법 / 김현준   신국판 240쪽 8,000원
관세음보살의 구원 능력, 주요 경전 속의 관음관, 11면관음·천수관음·32응신·33관음 등 자비관음의 여러 가지 모습, 일심칭명 일념염불의 관음기도법, 독경사경 기도법, 다라니 염송 기도법 등을 자세하고도 알기 쉽게 풀이하였습니다.

지장신앙·지장기도법 / 김현준   신국판 188쪽 6,500원
지장신앙 속에는 영가천도뿐만이 아니라 현세에서의 행복과 깨달음, 성불의 비결까지 간직되어 있습니다. 이러한 지장신앙의 여러 측면과 함께 생활 속에서 할 수 있는 지장기도법을 자세히 밝혀놓았습니다.

불교의 자녀사랑 기도법 / 김현준   신국판 160쪽 5,500원
가장 가깝고 가장 사랑하는 자녀들을 정말 잘 사랑할 수 있는 방법을 부처님의 가르침에 의지하여 정립하고 생활화한 책입니다. 특히 이 책속의 기도법은 자녀의 향상과 발전과 원성취를 이루게 하는 묘법이라 아니할 수 없습니다.

기도성취 백팔문답 / 김현준   신국판 240쪽 8,000원
기도에 대한 정의·기도와 믿음·기도를 방해하는 번뇌망상·업장소멸·꾸준한 기도의 효험·원을 세우는 법·축원법·각종 기도가피·기도성취의 시기·성취를 위한 하심법 등 기도에 관한 여러 궁금증들을 원리에 입각하여 풀이하였습니다.

참회와 사랑의 기도법 / 김현준   신국판 192쪽 6,500원
참회의 정의에서부터 참회기도를 해야하는 까닭, 절을 통한 참회법·염불참회법·주력참회법·가족을 향한 참회법, 기도 축원의 구체적인 내용 및 자비의 기도가 갖는 효과, '백중과 영가천도'등에 대해 아주 상세하게 설명하고 있습니다.

참회·참회기도법 / 김현준   신국판 160쪽 5,500원
참회의 참된 의미, 절·염불을 통한 참회법, 참회인의 마음가짐, 이참법 등을 영험담들과 함께 감동 깊게 엮은 책으로, 참회를 통해 행복하고 자유로운 삶을 사는 방법을 열어주고 있습니다.

다량의 법보시는 할인 혜택을 드립니다. 출판사로 연락 주십시오. ☎ (02) 582-6612

기도 성취의 지름길 / 우룡스님　　　　　4×6판　160쪽　4,500원
가족을 위한 기도와 기도 성취의 원리에 초점을 맞춘 감동적인 기도법문입니다. 제1부 「가족 행복을 위한 기도」에서는 가족을 향한 참회와 절의 필요성, 3배 기도의 큰 영험에 대해 일러주고 있으며, 제2부 「빠른 기도 성취의 길」에서는 믿음과 정성이 뒤따라야 기도 성취를 잘할 수 있고, 기도의 고비를 잘 넘겨야 능히 행복과 대해탈의 문이 열린다는 것을 많은 이야기를 곁들여 설하고 있습니다.

기도 이야기 / 우룡스님　　　　　　　　신국판　204쪽　7,000원
"스님, 기도로 소원을 성취할 수 있습니까?" 총 6장 45편의, 참으로 재미있는 기도성취 영험담이 수록된 이 책을 읽고 기도를 하면, 불보살님과 통하는 감응의 길이 열리면서 심중소원을 빨리 성취하게 됩니다. 또한 이야기 끝에 붙인 큰스님의 해설은 기도의 방법을 쉽게 터득할 수 있도록 이끌어줍니다.

신묘장구대다라니 기도법 / 우룡스님·김현준　신국판　208쪽　7,000원
신묘장구대다라니를 외우면 생겨나는 가피와 공덕, 기도의 방법과 주의할 점, 우룡스님이 들려주는 14편의 영험담, 대다라니의 근본경전인 『무애대비심다라니경』을 수록하고 있는 이 책을 읽고 자신있게 기도하면 심중 소원의 성취와 기적같은 체험도 할 수 있습니다.

법화경 (독송용) / 김현준 역　　　　　양장본　4x6배판　576쪽　22,000원
법화경 한글사경 / 김현준 역　　　　　　　　4x6배판　각권 120쪽 내외
　　　　　　　　　　　　　　　　　　　　전5책 권당 4,500원　5권 총 22,500원

불교 최고 경전인 법화경! 이 경을 독송하고 사경해 보십시오.
소원성취는 물론 깨달음과 경제적인 풍요까지 안겨줍니다.

법화경을 독송하고 사경하면 부처님과 대우주법계의 한량없는 가피가 저절로 찾아들어 업장소멸은 물론이요 갖가지 소원을 두루 성취할 수 있습니다. 특히 밝은 지혜를 얻고 크게 향상하게 되며 경제적인 풍요와 사업의 번창·입시등 각종 시험의 합격 및 승진이 쉬워지고 가족 모두가 평온하고 복된 삶을 누리며, 병환·재난·가난 등 현실의 괴로움이 소멸되고 부모 친척 등의 영가가 잘 천도되며 구하는 바가 뜻과 같이 이루어집니다.

자비도량참법 / 김현준 역　　　　　　　양장본　528쪽　18,000원
참되이 참회하시기를 원하십니까? 자비도량 참법 기도를 하십시오. 나의 허물과 죄업의 참회에서 시작하여 부모 스승 친척 등 육도 속을 윤회하는 온 법계 중생의 업장과 무명까지 모두 소멸시켜줍니다. 이 참법을 행하다 보면 저절로 참회의 마음이 깊어지고 자비가 충만하여지고 환희심이 넘쳐 나게 됩니다.

큰활자본 지장경 / 김현준 편역　　　　　4×6배판　208쪽　8,000원
지장보살본원경 / 김현준 편역　　　　　　신국판　208쪽　7,000원

지장기도를 하는 분들을 위해 ① 지장경을 처음부터 끝까지 1번 독송, ② '나무지장보살'을 천번염송, ③ 지장보살예찬문을 외우며 158배, ④ '지장보살' 천번 염송의 4부로 나누어 특별히 만들었습니다.
지장경 독경 및 지장보살예참과 염불을 할 때, 각 장 앞에 제시된 기도법에 따라 기도를 하게 되면, 지장보살의 가피 속에서 틀림없이 영가천도·업장소멸·소원성취·향상된 삶을 이룩할 수 있게 됩니다.
이 두 책의 내용은 같으며, 활자 및 책크기만 다릅니다.

● 아름다운 우리말 경전 시리즈 ●

금강경 / 우룡스님 역   국반판 100쪽 2,000원
'금강경을 우리말로 보급하겠다'는 원력에 의해 제작된 책.

관음경 / 우룡스님 역   국반판 100쪽 2,000원
관음경의 번역과 함께 관음기도와 염불법에 대해 자세히 설한 책.

보현행원품 / 김현준 편역   국반판 100쪽 2,000원
보현보살의 십대원을 설하여 참된 보살의 길로 이끌어주는 책.

약사경 / 김현준 편역   국반판 100쪽 2,000원
한글 번역과 함께 약사기도법과 약사염불법에 대해 자세히 설한 있는 책.

지장경 / 김현준 편역   국반판 196쪽 3,500원
편안한 번역으로 쉽게 이해할 수 있도록 하였으며, 기도법도 자세히 수록한 책.

부모은중경 / 김현준 역   국반판 100쪽 2,000원
부모님의 은혜를 느끼며 기도를 할 수 있게 엮은 책.

초발심자경문 / 일타스님 역   국반판 100쪽 2,000원
신심을 굳건히 하고 수행에 대한 마음을 불러일으키게끔 하는 책.

법요집 / 불교신행연구원 편   국반판 100쪽 2,000원
법회와 수행 시에 필요한 각종 의식문, 좋은 몇 편의 글들을 수록한 책.

선가귀감 / 서산대사 저·용담스님 역   국반판 160쪽 3,000원
선수행 뿐 아니라 참회 염불 육바라밀 등 불교의 요긴한 가르침을 담은 책.

● 많이 찾는 기도 독송용 한글 경전 ●

한글 보현행원품 (신간) / 김현준 편역   4×6배판 112쪽 4,500원
보현행원품과 예불대참회문을 함께 실어 독경 후 행원품에 근거한 전통적인 108배를 행할 수 있도록 만들었으며, 독송 방법과 대참회의 의미 등도 상세히 설명하였습니다.

한글 금강경 / 우룡스님 역   4×6배판 112쪽 4,500원
책 크기만큼 글씨도 크게 하고 한자 원문도 수록하였으며, 독송에 관한 법문도 첨부하였습니다. 사찰 및 가정에서의 독송용으로 매우 좋습니다.

한글 약사경 / 김현준 편역   4×6배판 100쪽 4,000원
아주 큰 활자로 약사경 한글 번역본을 만들었습니다. 약사경 독경 방법 및 약사염불법도 함께 실어 기도에 도움이 되도록 하였습니다.

한글 관음경 / 우룡스님 역   4×6배판 96쪽 4,000원
커다란 글씨의 관음경 해설과 함께 관음경의 원문과 독송법, 관음 염불 방법 등을 수록하여 관음경의 가르침을 쉽게 이해하도록 하였습니다.

관세음보살 명호사경 (1책으로 5400번 사경)
지장보살 명호사경 (1책으로 5천번 사경) 각 권 108쪽 4,500원
'관세음보살'이나 '지장보살'의 명호를 쓰면서 입으로 외우고 마음에 새기면, 관세음보살님과 지장보살님의 가피를 입어 몸과 마음이 큰 변화를 이루고, 마음속의 원을 능히 성취할 수 있습니다.

영험 크고 성취 빠른 각종 사경집

광명진언 사경 (가로쓰기:1080번 사경)　　　　128쪽　5,000원
광명진언 사경 (세로쓰기:1080번 사경)　　　　128쪽　5,000원
눈으로 보고 입으로 외우고 손으로 쓰고 마음으로 새기는 광명진언 사경은 크나큰 성취를 안겨줍니다.

금강경 한글사경 (1책으로 3번 사경)　　　　　144쪽　5,500원
금강경 한문사경 (1책으로 3번 사경)　　　　　144쪽　5,500원
금강경 한문한글사경 (1책으로 1번 사경)　　　100쪽　4,000원
요긴하고 으뜸된 경전인 금강경을 사경해 보십시오. 업장소멸과 함께 크나큰 깨달음과 좋은 일들이 저절로 다가옵니다.

아미타경 한글사경 (1책으로 7번 사경)　　　　116쪽　4,500원
살아 생전 또는 부모나 가까운 분이 돌아가셨을 때 이 경을 쓰면 극락왕생이 참으로 가까워집니다.

반야심경 한글사경 (1책으로 50번 사경)　　　 116쪽　4,500원
반야심경 한문사경 (1책으로 50번 사경)　　　 116쪽　4,500원
반야심경을 사경하면 호법신장이 '나'를 지켜주고, 공의 도리를 깨달아 평화롭고 안정된 삶이 함께 합니다.

신묘장구대다라니 사경 (50번 사경)　　　　　116쪽　4,500원
대다라니를 사경하면 관세음보살님과 호법신장들이 '나'와 주위를 지켜주고 소원성취와 동시에, 행복하고 자비심 가득한 마음을 가질 수 있도록 해줍니다.

천수경 한글사경 (1책으로 7번 사경)　　　　　112쪽　4,500원
천수경을 사경하고 독송하면 천수관음의 가피가 저절로 찾아들어, 업장 및 고난의 소멸과 갖가지 소원을 쉽게 성취할 수 있습니다.

관음경 한글사경 (1책으로 5번 사경)　　　　　112쪽　4,500원
관음경을 사경하면 늘 행복이 함께 하며, 학업성취·건강쾌유·자녀의 성공·경제 문제 등에도 영험이 매우 큽니다.

지장경 한글사경 (1책으로 1번 사경)　　　　　144쪽　5,500원
지장경을 사경하고 독송하면 영가천도는 물론이요, 각종 장애가 저절로 사라지고 심중의 소원이 성취됩니다.

약사경 한글사경 (1책으로 3번 사경)　　　　　112쪽　4,000원
약사경을 사경하면 약사여래의 가피가 저절로 찾아들어, 병환의 쾌차, 집안 평안, 업장소멸을 비롯한 갖가지 소원을 쉽게 성취할 수 있습니다.

삶의 향기를 더해주는 일타큰스님의 법문집

윤회와 인과응보 이야기   신국판 240쪽 8,000원
"죽음 뒤의 세상과 윤회, 내가 지은 업은 어떻게 전개될 것인가?" 이러한 의문의 해답을 일러주고자 총 49가지 이야기로 엮은 이 책을 읽다 보면 윤회와 인과응보에 대한 해답을 명확하게 얻을 수 있게 됩니다.

불자의 마음가짐과 수행법   신국판 192쪽 6,500원
불자들이 큰 행복과 대자유를 얻기 위해서는 어떠한 마음가짐으로 살아야 하며, 참선·염불·간경·주력의 불교 4대 수행법을 어떻게 닦아야 하는가를 갖가지 비유를 들어 상세히 설하고 있습니다.

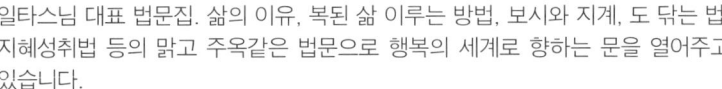
부드러운 말 한마디 미묘한 향이로다   신국판 240쪽 8,000원
일타스님 대표 법문집. 삶의 이유, 복된 삶 이루는 방법, 보시와 지계, 도 닦는 법, 지혜성취법 등의 맑고 주옥같은 법문으로 행복의 세계로 향하는 문을 열어주고 있습니다.

초심-시작하는 마음   신국판 272쪽 9,000원
보조국사의 『계초심학인문』을 알기 쉽게 풀이한 책. 불교를 믿는 초심자들이 가장 먼저 읽었던 계초심학인문을 풀이한 이 책을 읽게 되면 진리를 향한 첫걸음을 쉽게 옮길 수 있습니다.

발심수행장-영원으로 향하는 마음   신국판 240쪽 8,000원
원효대사의 발심수행장을 풀이한 이 책을 읽다 보면 지금 여기에서 영원과 행복의 문을 여는 비결, 나와 남을 함께 살리는 길, 깊은 신심을 이루고 참된 발심을 하는 방법을 터득할 수 있습니다.

자경문-자기를 돌아보는 마음   신국판 280쪽 9,000원
야운스님의 자경문을 풀이한 책으로, 인간이 윤회하는 까닭, 참된 나를 찾는 묘법, 해탈을 이루는 비결, 공부할 때의 마음가짐과 하심법, 자비평등심, 깨침의 원리 등을 상세히 밝혀 놓았습니다.

불자의 기본 예절   신국판 160쪽 5,500원
불교 예절의 근본이 되는 마음가짐과 말씨, 걸음걸이와 앉음새, 합장법, 절하는 법, 법당에서의 예절, 법문 듣는 법 등 절집안의 생활 예절을 보다 쉽게 접할 수 있도록 많은 이야기를 곁들여 재미있게 엮었습니다.

오계이야기   신국판 160쪽 5,500원
살생·투도·사음·망어·음주의 5계에 대한 법문집. 재미있는 일화를 들어 각 계율의 연원과 지키는 방법, 계율을 범했을 때의 과보 등을 자세히 설했습니다. 복된 불자의 길로 나아가게 하는 불자의 필독서입니다.

범망경 보살계   신국판 508쪽 17,000원
일타스님 일평생의 역작. 십중대계와 48경계를 명쾌하고 간절하게 풀이한 이 책을 읽다 보면 어둔 밤에 밝은 등불을 만난 것과 같은 환희심과 함께 참된 불자의 길을 알 수 있게 됩니다.

법공양문   신국판 288쪽 8,000원
부처님과 역대 스님들의 감명 깊고 배움 깊은 총 45편의 법문을 엄선하여, 일타스님께서 명확하게 번역한 책. 늘 옆에 두고 읽으면 좋습니다.

읽을수록 신심을 북돋우는 책

리틀 붓다, 행복을 찾아서 / 클라우스 미코슈 지음·김연수 옮김
재치와 감동과 따뜻함이 있는 이야기. 지혜로운 삶에 관한 이야기. 꿈과 성취와 행복이 담긴 이야기. 소중한 삶의 주제들로 가득 채워진 이 책을 읽다 보면 진정한 행복이 무엇인지를 깨닫게 되고, 우리의 불성이 깨어나고 있음을 느낄 수 있게 됩니다.
컬러양장본 184쪽 12,000원

마음밭을 가꾸는 불자 / 보성스님   신국판 272쪽 9,000원
주인 노릇하며 사는 법, 기도성취의 기본원리, 참회법, 천도재, 백중기도법, 생활 속의 불교수행법, 등에 대해 심도있게 조명한 책.

행복을 여는 부처님의 가르침 / 혜인스님   신국판 160쪽 5,000원
부모님의 은혜, 인과법과 마음씨, 신심·구업口業·보시·인욕 등 행복한 삶을 사는 데 있어 꼭 필요한 내용들을 명쾌하게 설한 책.

기상천외의 스님들 / 서경수 글·김현준 엮음   신국판 224쪽 7,000원
원효대사, 도선국사, 나옹선사, 신돈, 활해선사, 허주스님, 영산스님, 환옹선사, 경허선사, 수월선사, 혜월선사 등 11분 스님들의 사상과 진면목을 발견하고 생생한 발자취를 좇는 책입니다.

사성제와 팔정도 / 김현준   국판 240쪽 8,000원
부처님께서 중생들로 하여금 가장 빨리 깨달음과 행복의 길로 나아가도록 하기 위해 창안하신 사성제와 팔정도. 이 불교의 핵심교리에 대해 많은 이야기를 섞어 알기 쉽고 분명하게 풀이하였습니다.

삼법인·중도 / 김현준   국판 160쪽 5,500원
우리의 삶이 제행무상이요 제법무아임을 확실히 체득하게 되면 능히 열반적정을 이루게 된다는 것을 밝힌 삼법인과, 중도란 무엇이며 중도 속의 수행과 삶 등에 대해 명확하게 해설하고 있습니다.

인연법 / 김현준   국판 224쪽 8,000원
가장 많이 쓰는 단어인 인연! 이 인연을 삶·괴로움·진리·마음씨·희망·행복·기도성취 등과 연결시켜 살펴봄으로써 우리의 삶을 한없이 윤택하게 만들어 주고 있습니다. (12연기법도 쉽게 풀이함)

육바라밀 / 김현준   국판 192쪽 6,500원
보시·지계·인욕·정진·선정·반야의 육바라밀에 대해, 그 원리에서부터 구체적인 실천방법까지를 재밌게 서술함으로써, 깨달음 깊은 삶과 복되고 청정한 삶의 길로 나아갈 수 있게 하였습니다.

자비 실천의 길 사섭법 / 김현준   국판 192쪽 6,500원
참된 평화와 행복을 안겨주는 사섭법인 보시·애어·이행·동사섭이 필요한 까닭에서부터, 어떻게 하여야 사섭법을 잘 실천하고 응용하고 성취할 수 있는지를 자세히 풀이하고 있습니다.

알기 쉬운 경전 해설서

예불문, 그 속에 깃든 의미 / 김현준   신국판 256쪽 8,000원
많은 불자들이 궁금해 하면서도 마땅히 답을 얻기 어려웠던 오분향의 의미와 지심귀명례하는 방법, 불법승 삼보의 내용과 문수·보현·관음·지장보살, 십대제자·16나한·5백나한·천이백아라한·역대조사, 그리고 사부대중의 화합 등의 내용을 모두 담았습니다.

생활 속의 천수경 / 김현준   신국판 280쪽 8,000원
천수관음은 어떤 분이며, 천수관음을 청하는 법과 가피를 얻는 법, 신묘장구대다라니의 풀이와 공덕, 참회 성취의 비결 및 준제기도, 주요 진언의 뜻풀이, 각종 소원을 이루는 방법 및 기도법 등을 상세하게 풀이하고 있습니다.

생활 속의 금강경 / 우룡스님   신국판 304쪽 9,000원
금강경의 심오한 내용을 알기 쉽게 풀이하고 일상생활과 접목시켜 강설함으로써 삶의 현장에서 금강경의 가르침을 능히 응용할 수 있도록 하였고, 감동을 주는 일화들을 많이 삽입하여 재미를 더해주고 있습니다.

생활 속의 관음경 / 우룡스님   신국판 240쪽 8,000원
관세음보살보문품인 관음경을 통하여 관세음보살의 본질, 일심칭명과 재난 소멸법, 공경예배와 소원 성취법, 관세음보살을 관하는 법 등에 대해 여러 가지 영험담과 함께 감동적으로 풀이하고 있습니다.

생활 속의 반야심경 / 김현준   신국판 272쪽 8,000원
공空의 의미, 모든 괴로움의 원인과 괴로움에서 벗어나는 방법, 색즉시공 공즉시색의 참뜻, 걸림 없고 진실불허한 삶을 이루는 방법 등을 반야심경의 경문을 따라 쉽고 상세하고 재미있게 풀이하고 있습니다.

생활 속의 보왕삼매론 / 김현준   신국판 240쪽 8,000원
불자들이 즐겨 독송하는『보왕삼매론』을 해설한 이 책은 병고 해탈, 고난 퇴치, 마음공부와 마장 극복, 일의 성취, 참사랑의 원리, 인연 다스리기, 공덕 쌓는 법, 이익과 부귀, 억울함의 승화 등 누구나 인생살이에서 겪게 되는 장애들을 속 시원하게 뚫어주고 있습니다.

육조단경 / 김현준   신국판 240쪽 8,000원
육조 혜능대사께서 설한 선종의 근본 경전으로 인간의 참된 본성을 보게 하여 마음을 치유하고 깊은 깨달음을 열어주는 불자의 필독서.

선가구감 / 서산대사 저·용담스님 역주   신국판 240쪽 8,000원
선수행 뿐 아니라 참회·염불·육바라밀 등 불교의 요긴한 가르침을 일목요연하게 정리하여 불자들의 신심과 정진에 큰 도움을 주는 책.

사찰 그 속에 깃든 의미 / 김현준   신국판 320쪽 9,000원
사찰 초입의 일주문·천왕문·불이문, 사물四物·석등·탑, 각종 법당 등에 담겨진 의미와 구조·변천 등을 깊이 있게 다루어 불교예술과 사찰에 대한 새로운 시각을 열어줍니다.

참 생명을 찾는 경봉스님 가르침 / 김현준 엮음   신국판 192쪽 6,500원
경봉스님께서 설한 법문집. 참 생명을 찾는 공부 방법과 도와 인생의 실체, 이 사바세계를 무대로 삼아 멋있게 사는 법 등을 다양한 이야기와 함께 엮은 책입니다.